Da alma

Dados Internacionais de Catalogação na Publicação (CIP)
(Câmara Brasileira do Livro, SP, Brasil)

Aristóteles
  Da alma / Aristóteles ; tradução de Théo de Borba Moosburger. – Petrópolis, RJ : Vozes, 2020. – (Coleção Vozes de Bolso)

  Título original: περὶ ψυχῆς

  Bibliografia.

  1ª reimpressão, 2025.

  ISBN 978-65-5713-076-6

  1. Alma I. Título. II. Série.

20-36747   CDD-180

Índices para catálogo sistemático:
1. Filosofia antiga   180

Cibele Maria Dias – Bibliotecária – CRB-8/9427

Aristóteles

Da alma

Tradução de Théo de Borba Moosburger

Vozes de Bolso

Original em grego intitulado: περὶ ψυχῆς
Traduzido do grego a partir da seguinte edição: *Aristote.
De l'âme (περὶ ψυχῆς). Texte établi par A. Jannone.
Paris: Les Belles Lettres, 1966.*

© desta tradução:
2018, Editora Vozes Ltda.
Rua Frei Luís, 100
25689-900 Petrópolis, RJ
www.vozes.com.br
Brasil

Todos os direitos reservados. Nenhuma parte desta obra poderá ser
reproduzida ou transmitida por qualquer forma e/ou quaisquer meios
(eletrônico ou mecânico, incluindo fotocópia e gravação) ou arquivada em
qualquer sistema ou banco de dados sem permissão escrita da editora.

CONSELHO EDITORIAL	PRODUÇÃO EDITORIAL

CONSELHO EDITORIAL

Diretor
Volney J. Berkenbrock

Editores
Aline dos Santos Carneiro
Edrian Josué Pasini
Marilac Loraine Oleniki
Welder Lancieri Marchini

Conselheiros
Elói Dionísio Piva
Francisco Morás
Teobaldo Heidemann
Thiago Alexandre Hayakawa

Secretário executivo
Leonardo A.R.T. dos Santos

PRODUÇÃO EDITORIAL

Anna Catharina Miranda
Eric Parrot
Jailson Scota
Marcelo Telles
Mirela de Oliveira
Natália França
Priscilla A.F. Alves
Rafael de Oliveira
Samuel Rezende
Verônica M. Guedes

Editoração: Fernando Sergio Olivetti da Rocha
Diagramação: Sheilandre Desenv. Gráfico
Revisão gráfica: Jaqueline Moreira
Capa: Ygor Moretti

ISBN 978-65-5713-076-6

Este livro foi composto e impresso pela Editora Vozes Ltda.

Sumário

Nota sobre a tradução, 7

Livro I, 11

Livro II, 39

Livro III, 75

Nota sobre a tradução

A presente tradução do tratado sobre a alma de Aristóteles foi realizada a partir do texto grego antigo editado por J. Jannone (ARISTOTE. *De l'âme*. Paris: Belles Lettres, 1966). Seguimos fielmente o texto editado, salvo em um ou outro ponto, em que variantes de leitura foram contempladas.

Aristóteles defronta o tradutor com inúmeros problemas e dificuldades. Nem sempre há unanimidade quanto à interpretação de termos, frases ou mesmo trechos argumentativos inteiros. Diante disso, servimo-nos de algumas traduções para línguas modernas durante o processo de leitura e interpretação do original grego antigo. Especialmente úteis foram a tradução francesa de E. Barbotin (que acompanha o texto original na referida edição de Jannone), a tradução italiana de Renato Laurenti (in: ARISTOTELE. *Opere*. Vol. 1. Milão: Mondadori, 2008) e a espanhola de Tomás Calvo Martinez (*Aristóteles* – Acerca del alma. Madri: Gredos, 1978). Essas versões em línguas neolatinas foram de grande auxílio, principalmente para solucionar problemas de terminologia e para elucidar as passagens mais discutidas ou obscuras. Igualmente útil foi a versão para o grego moderno de I.S. Christodoulou (Tessalônica: Zitros, 2003), que também nos serviu para clarificar algumas passagens mais difíceis. Outras inúmeras traduções em línguas estrangeiras e em português nos foram úteis em fases preliminares deste trabalho, quando executamos o estudo prévio da obra, mas delimitamos o *corpus* de referência às supracitadas e optamos por não consultar, durante a tradução, versões em português – não por desconsiderá-las (muito pelo contrário), mas unicamente com o propósito de não incorporar ou reproduzir inconscientemente soluções de outros tradutores.

O estilo dos tratados de Aristóteles é célebre pela precisão e economia e, simultaneamente, pelo laconismo (e mesmo ocasionalmente por certa obscuridade). O leitor que não tenha familiaridade com o pensamento do filósofo estagirita fica perplexo diante de frases em que o sujeito ou o objeto é indeterminado e a referência só pode ser inferida pelo contexto e pelas ideias pressupostas no texto. Aristóteles tem um grego peculiar, tanto na construção de suas frases quanto na ampla utilização de terminologia própria de sua filosofia. Sendo assim, buscamos, sempre que possível, tornar as frases mais claras na tradução, o que implica, necessariamente, um certo alongamento e a inserção de termos que por vezes não se encontram ditos explicitamente no original. Tal prática é respaldada pela tradição de intérpretes e tradutores de Aristóteles.

Em conformidade com a linha editorial desta coleção, que tem como objetivo oferecer traduções destinadas ao grande público não especializado em filosofia e filologia clássica, e sem uma carga de notas e comentários, a tradução é apresentada com o mínimo possível de notas de rodapé. Deparamo-nos aqui com um problema difícil de ser solucionado, pois a inserção de notas esporádicas acaba gerando, por coerência, a necessidade de outras. E o processo poderia facilmente conduzir o trabalho a uma edição comentada e anotada, de modo que optamos, de partida, pela máxima economia. Por trás da ausência de notas, contudo, houve grande confrontação de traduções e pesquisa para que as soluções mais apropriadas fossem adotadas no corpo do texto. Sempre que possível, tentamos deixar o próprio texto mais claro, e observações de caráter técnico ou elucidações teóricas acerca dos conceitos apresentados no texto foram omitidas. Igualmente, notas de tradução foram deixadas de lado, salvo em um ou outro ponto em que se nos mostraram absolutamente imprescindíveis.

O tradutor

Livro I

1 Considerando que o conhecimento figura entre as coisas belas e estimadas, e que determinado conhecimento é tido em mais alta conta do que outros, seja por sua precisão, seja por referir-se a objetos superiores e mais admiráveis, poderíamos, razoavelmente, por ambas essas razões, situar a pesquisa acerca da alma entre as mais importantes. Parece mesmo que o conhecimento dela muito contribui na busca da verdade em geral, e em especial na investigação da natureza; pois ela é como que o princípio dos animais. Buscamos, pois, estudar e conhecer tanto a sua natureza quanto a sua substância, e então todas as propriedades que a acompanham; das quais umas parecem ser afeições próprias da alma, outras, por sua vez, através dela parecem pertencer também aos seres vivos.

Contudo, é de todos os modos, e sob todos os aspectos, dificílimo chegar a uma convicção acerca dela. De fato, sendo a pesquisa comum a muitas outras disciplinas, refiro-me à pesquisa acerca da substância e da essência, talvez parecesse a alguém que existe um único método para tudo aquilo cuja substância queremos conhecer, conforme ocorre com a demonstração no caso das propriedades acidentais, de modo que se devesse buscar este método. Porém, se não existe um único e comum método para a substância, ainda mais árdua torna-se a realização do tratado. Pois será forçoso escolher qual o modo para cada um. Agora, se ficar claro que consiste ou numa demonstração ou numa divisão ou em outro qualquer método, ainda assim a questão contém muitos impasses e riscos de enganos referentes ao ponto de onde se deve partir na investigação; pois coisas diferentes têm princípios diferentes, como é o caso dos números e das superfícies.

E primeiramente talvez seja necessário decidir a qual dos gêneros pertence e o que é ela; digo, se é algo particular e substância, ou propriedade, ou quantidade, ou alguma outra das categorias que foram distinguidas, e ainda se é um dos seres em potência ou, antes, uma enteléquia; pois a diferença não é [402b] pequena. Deve-se investigar também se ela é divisível em partes ou indivisível, e se toda alma é da mesma espécie ou não; e, caso não pertençam todas à mesma espécie, se diferem em espécie ou em gênero. De fato, os que agora investigam e falam acerca da alma parecem somente investigar sobre a alma humana. Deve-se, ademais, tomar cuidado para que não se deixe escapar se é única a definição dela, como o é a de animal, ou se uma diferente para cada tipo de alma, como, por exemplo, de cavalo, de cão, de homem, de deus, ao passo que animal, em sentido universal, ou não é nada, ou é algo posterior; a mesma questão se colocaria para qualquer outro predicado comum.

E ainda, se não houver muitas almas, mas partes, surge a questão: deve-se primeiro investigar a alma inteira ou as suas partes? E é difícil, por sua vez, determinar quais destas são diferentes entre si por natureza, e se acaso devem-se investigar as partes antes das suas funções, como, por exemplo, antes o pensar ou o intelecto, o sentir ou a faculdade sensitiva; e igualmente quanto às demais. E, se tivessem primazia as funções, novamente poder-se-ia indagar se deveriam ser investigados antes os objetos delas, como, por exemplo, o sensível antes da faculdade sensitiva ou o inteligível antes da faculdade intelectiva.

Ademais, conhecer a essência não apenas é útil para estudar as causas das propriedades das substâncias – como se dá na matemática, em que basta sabermos o que é a reta e o que é a curva ou o que é uma linha e superfície para determinar a quantos ângulos retos equivalem os ângulos de um triângulo –, mas também, ao inverso, as propriedades contribuem em grande medida para conhecer a essência; pois, quando pudermos explicar as propriedades tais quais se nos apresentam, ou todas ou a maior parte delas, então também acerca da substância poderemos dizer algo da melhor maneira; pois o princípio de toda demonstração é a essência; e assim, sempre que acontece de as definições não nos fazerem conhecer as propriedades nem nos facilitarem supormos algo sobre elas, fica claro que todas elas foram formuladas de modo dialético e vazio.

Surge uma dúvida também com relação às afeições da alma, se acaso seriam todas elas comuns também àquele que a tem, ou se existiria outrossim alguma própria da alma em si; e é necessário compreender isto, ainda que não seja fácil fazê-lo. Parece que a alma nem sofre nem produz a maior parte delas sem o corpo, como, por exemplo, se dá com o encolerizar-se, com o ousar, com o apetecer, em suma, com o sentir. Em especial parece ser-lhe própria a intelecção; se, contudo, também esta é alguma imaginação ou não se dá sem imaginação, não se poderia admitir que tampouco existisse esta sem o corpo. Se, portanto, existe alguma das operações ou afeições da alma que lhe seja própria, admitir-se-ia que ela tenha existência separada; agora, se nenhuma é própria dela, não seria separável, mas se daria com ela do mesmo modo como se dá com a reta, enquanto reta, na qual concorrem muitas propriedades, como, por exemplo, tanger a esfera de bronze por um instante, contudo não tangê-la uma vez separada a reta; pois é inseparável, uma vez que está sempre junto com algum corpo. Parece, também, que as afeições da alma ocorrem com um corpo: a coragem, a brandura, o medo, a misericórdia, a audácia, e ainda a alegria e o amar e o odiar; pois estas afetam, de algum modo, simultaneamente também o corpo. A prova é o fato de que, às vezes, atingem-nos estímulos fortes e violentos que, no entanto, não nos causam nem ira nem temor: em algumas ocasiões, porém, somos abalados por estímulos sutis e débeis, se o corpo está superexcitado e encontra-se em uma condição como a de quando está encolerizado. Outra prova ainda mais manifesta: por vezes, mesmo não havendo alguma causa de terror, experimentam-se as mesmas emoções de quem está apavorado. Se assim são as coisas, é claro que as paixões são formas inerentes à matéria. E isto, consequentemente, deve-se ter em conta nas definições: a cólera, por exemplo, é um movimento de tal corpo ou de tal parte ou de tal faculdade produzida por tal causa com tal fim. Por isso, diz respeito ao físico a investigação da alma, seja de toda alma, seja da alma especificamente que descrevemos. Diversamente definiriam o físico e o dialético cada uma dessas afeições, como, por exemplo, o que vem a ser a cólera: para este último, é o desejo de vingança ou algo de similar, para o primeiro é o referver do sangue ou do elemento quente que está em torno do coração. Dos dois, um descreve a matéria, o outro a forma e, portanto, a noção. A noção, de fato, é a forma da coisa, mas, se há de existir, é necessário que se realize em uma determinada matéria. Assim, a noção da casa é mais ou menos a seguinte: um abrigo que protege contra a destruição produzida pelos ventos, pelo calor, pela chuva, mas alguém dirá que é pedras, tijolos, madeira, um outro que é forma realizada neste material por estes objetivos. Qual destes, portanto, é o físico? Porventura é o que fala da matéria, ignorando a noção, ou então o que fala só da noção? Ou é, antes, o que leva em conta ambas? E agora o que dizer de cada um dos outros dois? Ou não há quem se ocupe das propriedades da matéria que não são separáveis, sequer consideradas enquanto separáveis; mas o físico, certamente, trata de todas as atividades e as passividades pertencentes a tal determinado corpo e a tal determinada matéria. Quanto às propriedades dos corpos que não são tais, é outro que se ocupa delas: de algumas é eventualmente o artesão, como o carpinteiro ou o médico, que se ocupa; daquelas que, conquanto inseparáveis, não são consideradas como propriedades de tal determinado corpo e provêm de abstrações, o matemático; daquelas, por fim, que são consideradas como tendo uma existência separada, o filósofo primeiro.

Mas deve-se retornar ao ponto de partida. Dizíamos que as afeições da alma não são separáveis da matéria física dos animais e, enquanto tais, são próprias a eles, como, por exemplo, a coragem e o temor; e não como no caso da linha e da superfície.

2 Ao pesquisarmos acerca da alma, é necessário, junto com as dificuldades que expressamos, e às quais devemos, à medida que avançarmos, dar respostas, também levarmos em conta as opiniões de quantos no passado algo disseram a respeito da alma, para que nos sirvamos daquilo que foi bem dito e, se algo não foi bem dito, para o evitarmos. O princípio da investigação é expor as propriedades que em máximo grau são tidas como pertencentes à alma por natureza. O ser animado parece diferir do inanimado principalmente em duas características, pelo movimento e pelo sentir. Ambas estas propriedades, mais ou menos, nós as recebemos também dos antigos entre os conceitos que nos legaram a respeito da alma. Alguns, de fato, afirmam que a alma é fundamentalmente e em primeiro lugar aquilo que causa movimento. Julgando, pois, que

não pode mover outro objeto uma coisa que não esteja, ela própria, em movimento, consideraram que a alma fosse uma das coisas que se movem.

Assim, Demócrito [404a] afirma que ela é uma espécie de fogo e de calor; sendo infinitas as figuras ou átomos, aos esferoidais chama fogo e alma (comparáveis àquilo que nós chamamos corpúsculos suspensos na poeira e que aparecem nos raios de sol através das janelas). E ele diz que a panspermia destes átomos constitui os elementos de toda a natureza; e Leucipo é adepto da mesma teoria. Dos átomos, eles dizem que os esferoidais constituem a alma, porque as formas deste tipo podem penetrar em todo corpo e mover os demais, uma vez que elas próprias se movem – e assim dizem ao suporem ser a alma aquilo que confere aos animais o movimento. Donde consideram que a respiração é o que define a vida; pois, quando o ar ambiente comprime os corpos e expele os átomos que conferem movimento aos animais, por não estarem nunca em repouso, vem ajuda de fora, quando outros átomos da mesma espécie entram no processo da respiração: estes impedem que aqueles que permaneceram no interior dos animais saiam, repelindo com eles aquilo que tenta comprimi-los e condensá-los. E os animais vivem enquanto podem realizar isso.

Também a doutrina dos pitagóricos parece seguir o mesmo raciocínio: alguns deles disseram que a alma é os corpúsculos suspensos no ar, outros que ela é aquilo que os move. E isso foi dito sobre eles porque se mostram em constante movimento, mesmo quando se faz perfeita bonança. À mesma conclusão chegam quantos afirmam que a alma é aquilo que põe a si em movimento. Todos estes, parece, consideram que o movimento é a característica mais própria da alma, que todas as outras coisas são movidas pela alma, ao passo que ela o é por si mesma, pelo fato de que não se vê nenhuma coisa produzir movimento se não estiver ela mesma em movimento. De maneira similar, também Anaxágoras afirma que a alma é aquilo que provoca movimento, e igualmente o afirma qualquer um que tenha dito que o intelecto pôs em movimento o universo; não obstante, sua concepção não é exatamente como a de Demócrito. Pois este dizia que alma e intelecto são simplesmente a mesma coisa; pois, segundo ele, o verdadeiro é o aparente; donde considerou que bem versejou Homero ao cantar "Heitor jazia com a mente alhures"[1]. Assim, ele não trata do intelecto como uma potência que versa acerca da verdade, mas afirma que são a mesma coisa alma e intelecto. [404b] Anaxágoras a respeito dessas questões clarifica menos; em muitos lugares diz que o intelecto é causa do belo e da ordem, em outros o identifica com a alma, já que se encontra em todos os animais, grandes e pequenos, superiores e inferiores. Não parece, porém, que o intelecto entendido como juízo pertença na mesma medida a todos os animais, mas sequer a todos os homens.

Portanto, quantos levaram mais em conta na observação o fato de o animado estar em movimento e consideraram a alma o motor por excelência; já aqueles, por sua vez, que disseram que o animado é o que conhece e sente as coisas afirmam que a alma é os princípios, uns considerando que estes são muitos, outros que há um só princípio, tal qual Empédocles; este compõe a alma de todos os elementos e considera cada um deles alma, dizendo assim:

---

1. Esta citação homérica não se encontra na *Ilíada* que nos foi transmitida. Alguns comentaristas relacionam a passagem ao verso 698 do canto XXIII, mas neste não se usa o termo *alophroneon* (que traduzimos por "com a mente alhures") referindo-se a Heitor.

É pela terra que a terra vemos, pela água
a água,
Pelo éter o éter divino, já pelo fogo o fogo
que aniquila,
Pelo amor o amor, e a cizânia pela vil cizânia.

Do mesmo modo também Platão, no *Timeu*, faz a alma a partir dos elementos; de fato, para ele, o similar se conhece com o similar e as coisas são compostas pelos princípios. Assim também nas lições de filosofia[2] se estabelece que o animal em si provém da própria ideia do Um e do comprimento, largura e profundidade primeiros, e de modo similar as demais coisas. E ainda de outro modo: o intelecto é o um, a ciência o dois, porque tende por uma via única em direção a uma única conclusão; o número da superfície é a opinião, o número do volume é a sensação. De fato, era dito que os números eram as ideias mesmas e os princípios, e que eram derivados dos elementos, e que as coisas são julgadas, algumas, com o intelecto, outras com a ciência, outras com a opinião, outras com a sensação; e estes números são as ideias das coisas. E uma vez que a alma parecia apta a mover e a conhecer, assim alguns a constituíram de ambos estes princípios e afirmaram que a alma é um número que move a si mesmo. Há discordância, contudo, a respeito de quais e quantos são os princípios, sobretudo entre aqueles que os consideram corpóreos e aqueles que os julgam incorpóreos [405a], e ainda entre estes e aqueles que os combinam e apresentam os seus princípios compostos das duas espécies de elementos. Há também discordância acerca da quantidade; pois uns dizem

---

2. Esta menção não é clara. Pode fazer referência às lições de filosofia de Platão reunidas por seus discípulos, ou então a opiniões da escola platônica.

que há um princípio, outros que há mais de um. E de acordo com essas doutrinas eles explicam a alma; pois supuseram que o que é por natureza causador de movimento fosse um dos princípios primeiros, e não sem razão. Donde a alguns pareceu que a alma é o fogo; e de fato é este o mais sutil elemento e, dentre os elementos, o mais incorpóreo, e ainda tanto se move quanto primariamente move as demais coisas.

Demócrito expressou-se ainda com mais precisão, demonstrando o porquê de cada uma destas propriedades: disse que a alma é o mesmo que intelecto, e que se trata de um dos corpos primeiros e indivisíveis, ao passo que o movimento que causa deve-se às suas partes, que são pequenas, e à forma delas; e acrescenta que a forma mais suscetível ao movimento é a esferoidal e de tal sorte são o intelecto e o fogo. Anaxágoras, por outro lado, parece distinguir alma e intelecto, como dissemos anteriormente, mas trata de ambos como se fossem uma única natureza, exceto pelo fato de estabelecer o intelecto como princípio máximo de tudo; e, de fato, apenas este, dentre todos os seres, ele considera que seja simples, estreme e puro. Atribui, porém, ambas as funções – a de conhecer e a de conferir movimento – ao mesmo princípio, dizendo que é o intelecto o que move o universo. Parece que também Tales – a julgar a partir do quanto recordam acerca dele – considerou a alma algo que confere movimento, se de fato ele afirmou que o ímã possui alma pelo fato de mover o ferro. Diógenes, bem como alguns outros, disse que a alma é ar, pois pensou ser este a coisa mais sutil de todas e o princípio; e que, por isso, a alma conhece e confere movimento; enquanto coisa primordial, da qual todas as demais derivam, o ar conhece, e enquanto o mais sutil de todos os corpos, ele é apto a conferir movimento. Heráclito, também, considera que a alma seja o princípio, se é a exalação da qual ele compõe todas as demais coisas; e afirma, de fato, que é o que há de mais incorpóreo e que flui incessantemente; e que o que está sendo movido conhece-se pelo que está sendo movido. Também ele, de fato, como a maioria, acreditava que os seres estão em movimento.

Próximo do que disseram os anteriores parece ter sido também o parecer de Alcmeão acerca da alma; pois ele diz que ela é imortal pelo fato de parecer-se com as coisas imortais; e diz que tal característica lhe é própria na medida em que ela está sempre em movimento; pois todas as coisas divinas estão sempre em constante movimento [405b]: a lua, o sol, as estrelas e o céu inteiro. Dentre aqueles, agora, que falaram de modo mais grosseiro, alguns, como Hipão, declararam que a alma é água; parece que chegaram a tal convicção a partir do fato de o sêmen de todos os animais ser líquido. E de fato ele confuta quantos consideram ser a alma sangue, argumentando que o sêmen não é sangue, e, sim, a alma primeira. Já outros, como Crítias, disseram que a alma é sangue, considerando que o sentir é a característica mais própria da alma, e que sua existência na alma deve-se à natureza do sangue. E assim todos os elementos tiveram seu defensor, exceto a terra; em favor dela ninguém declarou tal opinião, salvo no caso de alguém que tenha dito que a alma é constituída de todos os elementos, ou que ela é todos eles.

E assim, pode-se dizer que todos definem a alma por três características: movimento, sensação, incorporeidade; destas, cada uma, por sua vez, remonta aos primeiros princípios. Donde aqueles que a definem pelo conhecimento a consideram ou um elemento ela própria ou um composto de elementos, e concordam todos mais ou menos entre si, a exceção de um[3]. Afirmam, de fato, que o símile conhece-se

---

3. I. é, Anaxágoras, como será dito mais claramente a seguir.

pelo símile; e, como a alma tudo conhece, eles a constituem de todos os princípios. E assim, quantos dizem haver uma única causa e um único elemento, estabelecem também que a alma é este único elemento, como, por exemplo, fogo ou ar; já aqueles que dizem que os princípios são múltiplos também compõem a alma como múltipla. Apenas Anaxágoras defende que o intelecto é impassível e não tem nada em comum com nenhuma das outras coisas. Sendo ele de tal sorte, porém, como ele conhecerá e por meio de que causa, nem Anaxágoras o disse, nem se o pode deduzir com base no que ele disse. Quantos introduzem os contrários entre os princípios compõem também a alma dos contrários; ao passo que aqueles que admitem um dos contrários, como, por exemplo, o calor ou o frio ou algum outro desta sorte, consoantemente estabelecem a alma como algum destes. E por isso seguem também as denominações: quantos identificam a alma com o calor, argumentam que é por isso que surgiu a palavra viver[4]; ao passo que os que a identificam com o frio, dizem que alma é assim chamada por causa da respiração e do resfriamento[5].

São estas, portanto, as doutrinas concernentes à alma que foram transmitidas e as razões pelas quais seus profitentes assim as formularam.

3 É preciso examinar primeiramente o que diz respeito ao movimento; pois talvez não seja apenas falso que a entidade da alma seja de tal sorte como [406a] afirmam aqueles que dizem que a alma é o que move a si mesmo ou o que é capaz de mover a si,

---

4. I. é, relacionam a semelhança do infinitivo do verbo "viver" (*zen*) com o infinitivo do verbo "ferver" (*zein*).

5. Relacionam a semelhança dos termos "frio" (*psykhros*) e "resfriamento" (*katapsyksis*) com "alma" (*psykhe*).

mas também seja algo impossível que o movimento pertença a ela. Que não é necessário que aquilo que produz movimento esteja também em movimento, já foi dito anteriormente. De duas maneiras pode uma coisa mover-se: ou por meio de uma outra, ou por si mesma. Por meio de outra, dizemos tudo aquilo que é movido ao encontrar-se em algo que esteja em movimento, como, por exemplo, os navegantes; pois eles não se movem do mesmo modo como o faz o navio, porquanto este se move por si mesmo, ao passo que aqueles por estarem em algo em movimento, o que fica claro por seus membros: o movimento próprio dos pés é o caminhar, e este é o movimento próprio dos homens; mas este não é o que ocorre nos navegantes no caso em questão. E, sendo o mover-se de dois tipos, agora analisaremos, quanto à alma, se é por si mesma que ela é movida e participa do movimento.

Sendo quatro os movimentos – translação, alteração, fenecimento, crescimento –, poder-se-ia mover a alma ou com um deles, ou com mais de um, ou com todos. E se não se move por acidente, o movimento lhe será próprio por natureza; mas se for assim, então também lhe será próprio um local; pois todos os ditos movimentos dão-se no espaço. E se a substância da alma é mover a si mesma, ela não terá o movimento por acidente, como o têm o branco e o comprimento de três côvados, pois também estes se movem, mas acidentalmente, porquanto aquilo a que pertencem, isto é, o corpo, move-se. E por isso não existe um lugar deles; da alma, por outro lado, existirá um, se é por natureza que participa do movimento. E ainda, se por natureza move-se, poderá ser movida também por força; e, se por força, também poderá ser movida por natureza. Do mesmo modo dá-se também com relação ao repouso; pois o ponto em direção ao qual algo se move por natureza é também onde repousa por natureza; igualmente, o ponto em direção ao qual se move por força é também onde repousa por força. Mas quais serão os movimentos e os repousos forçados da alma? Explicá-los não é fácil, mesmo para aqueles que desejem divagar. E ainda, se a alma se mover para cima, será fogo, se para baixo, será terra; pois tais são os movimentos desses corpos. E o mesmo se deve dizer também acerca dos movimentos intermediários. E ademais, se é claro que ela move o corpo, é lógico supor que o faça com os mesmos movimentos com os quais move a si mesma. E se isso for assim, também será verdadeiro dizer o contrário, isto é, que o movimento com que o corpo se move [406b] ela também executa. Mas o corpo se move por translação; de modo que também a alma poderia mudar-se tal qual o corpo, deslocando-se, ou ela inteira, ou em partes. Contudo, se isso pudesse ocorrer, ela poderia também sair do corpo e novamente adentrá-lo; e a consequência disso seria que os animais que já morreram poderiam ressuscitar.

Quanto ao movimento acidental, a alma poderia recebê-lo de outro ser, porque, por força, o animal poderia ser empurrado. Mas aquele que pode mover-se por si em sua essência não pode ser movido por outro senão por acidente, assim como o que é bom em si ou por si também não pode ser bom por outro nem em vista de outro. Sobretudo poder-se-ia dizer que a alma é movida pelos sensíveis, se de fato é movida. Agora, se é ela que move a si mesma, também estará em movimento, de modo que, se todo movimento é deslocamento do que é movido, na medida em que é movido, a alma se afastará de sua essência, se não move a si por acidente, mas sim se o movimento é da sua essência em si.

Alguns, por sua vez, dizem que a alma move o corpo em que se encontra com os mesmos movimentos com que ela própria se move, como, por exemplo, Demócrito, que afirma mais ou menos o mesmo que Filipo, o comediógrafo; pois diz este que Dédalo fez sua Afrodite de madeira mover-se ao verter-lhe dentro argento-vivo; de maneira similar diz Demócrito, pois afirma que as esferas indivisíveis, estando em movimento pelo fato de ser de sua natureza não parar nunca, arrastam e movem todo o corpo. Nós, de nossa parte, questionaremos se os mesmos átomos produzem também o repouso. Como o farão, é difícil ou até impossível de afirmar. E de todo não é assim que a alma parece mover o animal, mas através de alguma escolha e de algum pensamento.

Do mesmo modo, *Timeu* dá uma explicação física sobre como a alma move o corpo; pois, ao mover-se, ela também move o corpo, pelo fato de estar a ele interligada. Depois de tê-la constituído de elementos e dividido segundo os números harmônicos, a fim de que tivesse inato o senso da harmonia e que o universo realizasse revoluções harmoniosas, [o demiurgo] dobrou a trajetória reta em forma de circunferência; e, tendo dividido um em dois círculos que se unem em dois pontos, [407a] dividiu por sua vez um em sete círculos, como sendo as revoluções do céu os movimentos da alma.

Primeiramente, não está bem dizer que a alma é uma grandeza; pois é claro que ele quer que a alma do universo seja tal qual o que se denomina intelecto; certamente não se trata de algo como a alma sensitiva ou a apetitiva, pois o movimento destas não é uma translação circular; o intelecto, no entanto, é uno e contínuo, bem como a intelecção; e a intelecção é os conceitos; e estes, com a sucessão, são unidade, como o número, mas não como a grandeza; porquanto o intelecto não é contínuo deste modo, mas ou é indivisível em partes ou é contínuo, mas não como alguma grandeza o é.

Afinal, como ele pensará, sendo uma grandeza? Com a sua totalidade, ou com qualquer uma de suas partes? "Com uma parte" entende-se ou segundo a grandeza ou segundo o ponto, se é que se deve chamar a este de parte. Ora, se segundo o ponto, sendo os pontos infinitos, é claro que o intelecto jamais poderá percorrê-los; se, porém, segundo a grandeza, pensará muitas ou infinitas vezes a mesma coisa. Mas é claro que somente uma vez pode fazê-lo.

E se lhe basta entrar em contato através de qualquer uma de suas partes, por que deve mover-se circularmente, ou em absoluto deve ter grandeza? Por outro lado, se para pensar é necessário que esteja em contato com o círculo inteiro, o que há de ser o contato com as partes? E ainda, como o intelecto pensará o divisível mediante o indivisível ou o indivisível mediante o divisível? É necessário que o intelecto seja este círculo; porquanto o movimento do intelecto é a intelecção, o do círculo, a revolução; portanto, se a intelecção é revolução, também o intelecto seria o círculo, do qual uma tal revolução seria a intelecção.

Mas, afinal, que coisa ele pensará eternamente? Pois deve pensar algo eternamente, se é sempiterna a revolução; de fato, as intelecções práticas têm limites (pois todas se dão por algum outro fim), ao passo que as teóricas são limitadas do mesmo modo como os seus enunciados. Todo enunciado é definição ou demonstração; e as demonstrações partem de um princípio e terminam de certo modo no silogismo ou na conclusão; se não são limitadas, ao menos não retornam ao princípio, mas, tomando em adição sempre um termo médio e um extremo, seguem em linha reta; por outro lado, o movimento circular dobra-se novamente em direção ao princípio. Já as definições, são todas elas limitadas.

Ainda, se a mesma revolução ocorre muitas vezes, o intelecto deverá muitas vezes pensar a mesma coisa. E, não obstante, a intelecção se parece antes com algum repouso e com o exame detido do que com um movimento; e o mesmo também se pode dizer do silogismo. Ora, e não é venturoso algo que não é fácil, [407b] mas forçado. E se o movimento da alma não é sua essência, ela estaria a mover-se contra a sua natureza. E é penoso estar mesclado ao corpo sem poder libertar-se dele, e ademais convém evitar tal união se o melhor para o intelecto é não estar unido ao corpo, como de costume se diz e como muitos estão de acordo. É incógnita, porém, a causa da translação em círculo do céu; pois sequer é a essência da alma o que causa o movimento circular, pois é por acidente que assim ela se move – tampouco é o corpo a causa, mas a alma o é mais do que este. E nem se diz que é algo melhor: e, no entanto, seria necessário que deus tivesse feito a alma mover-se em círculo pelo fato de que mover-se é para ela melhor do que o repousar, e mover-se de um jeito é melhor do que de outro.

Contudo, uma vez que uma tal discussão é mais própria de outros tratados, deixemo-la por ora. Mas este é o absurdo que se dá nesta e na maior parte das doutrinas acerca da alma: conjugam e põem no corpo a alma, sem nada determinarem sobre qual a causa da junção e em que condição do corpo ela se dá. E, no entanto, isto pareceria necessário, pois através da comunhão é que um faz algo e o outro sofre e que um se move e o outro move, e nenhuma dessas relações recíprocas se dá entre elementos quaisquer unidos ao acaso. Mas eles tentam apenas dizer que tipo de realidade é a alma, e com relação ao corpo que a receberá não determinam nada mais, como se fosse possível, como narram os mitos pitagóricos, que uma alma aleatória entrasse em um corpo aleatório; [mas não], pois é evidente que cada corpo tem sua própria forma e figura. O que dizem é quase como se alguém afirmasse que a arte do carpinteiro pode entrar nos aulos; na verdade, a arte deve fazer uso de seus instrumentos, a alma de seu corpo.

4 Também uma outra opinião acerca da alma foi transmitida, convincente para muitos e não inferior a nenhuma daquelas mencionadas, e que deu seus argumentos, como quem presta contas, em discursos tidos em público. Pois dizem alguns que a alma é uma espécie de harmonia; e que a harmonia é uma mistura e uma combinação de opostos e que o corpo se compõe de opostos.

E de fato a harmonia é uma certa proporção ou composição de elementos mesclados, mas a alma não pode ser nem um nem outro destes. Ainda, não é próprio da harmonia causar movimento, no entanto à alma [408a] quase todos atribuem principalmente esta característica, pode-se dizer. Convém antes falar de harmonia com relação à saúde e em geral às virtudes corporais do que em relação à alma. E isso fica claríssimo se alguém tentar atribuir as afeições e as ações da alma a alguma harmonia; pois é difícil acomodá-las. Ainda, ao falarmos de harmonia, temos em vista dois significados: no mais próprio, que se aplica a grandezas que têm movimento e posição, a harmonia significa a composição delas, quando são dispostas de modo a excluir todo elemento da mesma espécie; no outro, secundário, a harmonia é a proporção dos elementos mesclados. Mas nem no primeiro nem no segundo modo é razoável chamar a alma de harmonia, e que a alma seja a composição das partes do corpo é muito fácil de refutar. Pois as composições das partes são muitas e dão-se em muitos sentidos; de que parte do corpo, portanto, ou de que modo, devemos considerar que se compõe o intelecto, ou a faculdade sensitiva ou a apetitiva? E igualmente ilógico é afirmar que a alma seja a proporção da mistura; pois a mistura dos elementos que forma a carne não tem a mesma proporção daquela que forma o osso. Ocorrerá, portanto, que o animal terá muitas almas, e em todo o corpo, se efetivamente

todas as suas partes provêm dos elementos misturados e se a proporção da mistura é harmonia e alma.

Poder-se-ia também questionar Empédocles quanto a isto: pois ele afirma que cada uma das partes do
corpo é constituída por uma certa proporção. Ora,
a alma é esta proporção, ou antes, sendo outra coisa, surge nas partes? E ainda, a amizade é causa de
qualquer composto aleatório, ou antes do composto
que se dá segundo a proporção? E a amizade é a proporção ou outra coisa para além da proporção, distinta desta? Tais opiniões apresentam, pois, impasses
desta ordem.

E se a alma é outra coisa para além do composto, por que ela perece junto com a essência da carne
e das demais partes do animal? E ademais, se de fato
cada uma das partes do corpo não tem alma e a alma
não é proporção do composto, o que é aquilo que se
corrompe quando a alma abandona o corpo?

Portanto, que a alma não possa ser harmonia
nem mover-se de modo circular está claro pelo que
já foi dito. Por acidente, porém, como dissemos, pode
ser movida e pode também mover a si; isto é, pode mover-se o corpo em que ela se encontra, sendo este
movido pela alma. De outro modo, porém, a alma
não pode mover-se localmente. Mais razoavelmente alguém poderia duvidar de que se move a alma
[408b], tomando em consideração o seguinte. Nós
dizemos que a alma entristece-se, alegra-se, ousa e
teme, e ainda que se encoleriza, sente e pensa; todos
estes estados parecem ser movimentos. Consequentemente, alguém poderia acreditar que ela se move
ou se alegra ou pensa. Mas isto não é necessário.
Pois se pode admitir, o quanto quiser, que o entris-
tecer-se ou o alegrar-se ou o pensar são movimentos
e que cada um deles contém movimento; e que o
movimento é provocado pela alma (p. ex.:
o encolerizar-se e o temer consistem em um

determinado movimento do coração, enquanto o pensar consiste no movimento do mesmo órgão ou, talvez, de um outro); e que uns serão movimentos de translação de certas partes do corpo, outros movimentos de alteração (agora, de que tipo eles são e de que modo se dão, é outra questão): ainda assim, afirmar que é a alma que se encoleriza é como dizer que é a alma que tece ou edifica. Pois talvez fosse melhor dizer não que alma tem compaixão ou aprende ou pensa, mas sim o homem com a alma; e isto não com o movimento estando nela, mas ora chegando até ela, ora partindo dela; como, por exemplo, a sensação parte de objetos determinados, ao passo que a recordação parte da alma e termina nos movimentos ou nos traços persistentes nos órgãos sensoriais.

O intelecto, por outro lado, parece que surge em nós como uma substância, e que não se corrompe. Poderia corromper-se principalmente pela senilidade, no entanto dá-se com ele do mesmo modo como com os órgãos sensoriais; pois, se pudesse o velho obter um bom olho, poderia enxergar tal qual o jovem. Donde a velhice não se dá porque algo tenha afetado a alma, mas sim o ser em que ela se encontra, conforme acontece na embriaguez e nas enfermidades. E também o raciocinar e a capacidade de exercer o conhecimento se esvaem quando alguma coisa dentro se corrompe, mas ele próprio é impassível. O raciocinar e amar ou odiar não são afeições do intelecto, mas de quem o possui, na medida em que o possui. Porquanto, uma vez extinto este sujeito, o intelecto nem memora nem ama; pois estas coisas não eram do intelecto, mas do composto que pereceu; o intelecto, quiçá, é algo mais divino e é impassível.

A partir disso fica claro que a alma não pode ser movida; se não é movida em absoluto, é evidente que tampouco o é por si. Mas, de

tudo que já foi afirmado acerca da alma, o mais ilógico foi dizerem que ela é um número que move a si
mesmo. Pois os proponentes de tal doutrina têm de
encarar primeiro as impossibilidades decorrentes
da afirmação de que a alma se mova, e, especialmente, de [409a] chamá-la de número. Afinal, como
se deve conceber uma unidade que se move? E por
quem é movida, e como, sendo ela sem partes e in-
diferenciada? Pois, se é motriz e móvel, deve conter
diferenças. Ainda, uma vez que dizem que a linha,
tendo-se movido, produz um plano, e o ponto uma
linha, também os movimentos das unidades serão linhas; pois o ponto é uma unidade que tem posição;
e o número da alma já está em algum lugar e tem
posição. Ainda, se de um número alguém subtrair
um número ou uma unidade, restará outro número; por outro lado, as plantas e muitos dos animais,
quando são divididos, continuam a viver e parece
que conservam a mesma espécie de alma. E ademais
pareceria que em nada difere falar de unidades ou
de corpúsculos pequenos; e, de fato, se os átomos
esféricos de Demócrito se tornarem pontos, e deles
somente a quantidade numérica permanecer, em seu
interior haverá algo que move e algo que é movido,
como no contínuo; pois o que foi dito ocorre não
por causa da diferença de grandeza ou de pequenez
dos átomos, mas sim por tratar-se de uma quantidade: donde ser necessário que exista algo que venha
a mover as unidades. Mas se no animal o que causa
o movimento é a alma, também o será no número,
de modo que a alma não será o que move e o que é
movido, mas só o que move. E como, então, ela poderá ser uma unidade? Pois ela deve ter alguma diferença em relação às outras. Mas qual poderia ser a
diferença de um ponto unitário senão a posição? Se,
pois, as unidades do corpo são diferentes dos
pontos, as unidades estarão no mesmo lugar,

porque cada unidade ocupará a posição de um ponto. Contudo, se houver dois pontos no mesmo lugar, o que impedirá de haver também infinitos? Pois as coisas que ocupam um espaço indivisível também são, elas próprias, indivisíveis. Mas se os pontos do corpo são o número da alma, ou se o número da soma dos pontos do corpo é a alma, por que nem todos os corpos têm alma? Pois em todos parecem existir pontos, e infinitos pontos. E ainda, como será possível que os pontos sejam separados e desprendidos dos corpos, se ao menos admitimos que as linhas não se dividem em pontos?

5 São dois, como dissemos, os absurdos em que resulta a doutrina exposta: por um lado, ela diz o mesmo que aqueles que afirmam que [409b] a alma é um corpo sutil; por outro lado, incorre no absurdo peculiar da doutrina de Demócrito, segundo a qual o movimento é causado pela alma. Pois, se efetivamente a alma está em todo o corpo senciente, é necessário que haja dois corpos no mesmo lugar, se a alma é um corpo; já para aqueles que dizem que a alma é um número, haverá em um ponto muitos pontos, ou todo corpo terá alma, a não ser que a alma não seja um número diferente que sobrevém em nós, distinto dos pontos presentes no corpo. E uma outra consequência é que o animal é movido pelo número, como já dissemos que Demócrito o faz mover. Afinal, que diferença faz falar de pequenas esferas ou de grandes unidades, ou simplesmente de unidades em movimento? Pois tanto num quanto noutro caso é necessário que se mova o animal ao moverem-se aquelas. E então, àqueles que combinaram, na mesma definição, o movimento e o número apresentam-se estas consequências e muitas outras similares; pois não apenas a definição da alma não pode ser tal, mas tampouco suas propriedades acidentais. E isto fica claro se

alguém tentar, partindo desta definição, explicar as afeições e as funções da alma, como, por exemplo, os raciocínios, as sensações, os prazeres, as dores e tudo mais desta sorte; pois, como dissemos anteriormente, não é fácil sequer fazer adivinhações sobre elas, partindo destas premissas.

São três os modos legados segundo os quais definem a alma: uns a consideram aquilo que por excelência dá movimento, uma vez que move a si; outros, que ela é o corpo mais sutil ou o mais incorpóreo de todos (e essas teorias contêm algumas dificuldades e contradições, já o demonstramos bastante); resta, assim, examinarmos como se afirma ser ela composta dos elementos. E assim a dizem ser, de fato, para que perceba os seres e conheça cada um deles, mas necessariamente decorrem disso muitas coisas impossíveis à razão. Pois estabelecem que o similar se conhece com o similar, como se estabelecessem que a alma é as coisas. No entanto, não existem somente os elementos, mas muitas e outras coisas, e talvez sejam antes infinitas as coisas que provêm deles. Admitamos, portanto, que a alma conhece e sente os elementos dos quais cada uma destas coisas é composta; admitamos que a alma os conhece e sente, mas e o conjunto, com que o conhecerá ou sentirá? Por exemplo: o que é deus ou homem ou carne ou osso? E igualmente também [410a] qualquer outro dos compostos; pois cada um deles não tem os elementos ao acaso, mas segundo uma determinada proporção e composição, como diz o próprio Empédocles acerca do osso:

> E a agradecida terra em seus amplos cadinhos
> logrou por sorte as duas das oito partes da fulgente Néstis,
> e quatro de Hefesto; e fizeram-se brancos os ossos.

Portanto, não será vantagem nenhuma existirem na alma os elementos, se não existirão dentro dela também as proporções e a composição; pois cada elemento conhecerá seu similar, mas nenhum conhecerá o osso ou o homem, se estes também não estiverem dentro da alma; ora, que isto é impossível, sequer é preciso dizer; pois quem se perguntaria se existe dentro da alma uma pedra ou um homem? Igualmente também o bem e o não bem; e do mesmo modo também quanto às demais coisas.

Ainda, tendo o ser muitos significados (significa o ser individual concreto, a quantidade, ou a qualidade ou alguma outra das categorias distintas), será a alma composta de todas as categorias ou não? Mas não parece que existem elementos comuns a todas. Será, portanto, a alma composta somente dos elementos que pertencem às substâncias? Mas como conhece também cada um dos outros entes? Ou dirão que cada gênero tem seus próprios elementos e princípios, e que deles é composta a alma? Ela será, logo, quantidade, qualidade e substância. Mas é impossível, derivando dos elementos da quantidade, que seja substância e não quantidade. Àqueles que dizem que a alma é composta de todos os elementos colocam-se estas e outras dificuldades desta sorte. E é, ademais, absurdo afirmar que o similar não é suscetível de sofrer do similar, e ao mesmo tempo que o similar sente o similar e conhece o similar com o similar; mas eles estabelecem que o sentir é sofrer algo e ser movido; igualmente também o pensar e o conhecer.

Que muitos impasses e dificuldades decorrem de afirmar-se, como faz Empédocles, que tudo se conhece por meio dos elementos corpóreos e por relação ao seu similar, é atestado pelo que ora diremos: tudo aquilo composto simplesmente de terra que existe dentro dos corpos dos animais, como, por exemplo, [410b] ossos, nervos e pelos, parece nada sentir, e, por conseguinte, sequer sente os seus similares; e, no entanto, deveria fazê-lo.

Ainda, em cada um dos princípios haverá mais ignorância do que conhecimento; pois cada um conhecerá uma só coisa e ignorará muitas: todas as demais; e, para Empédocles, acontece de deus ser o mais ignorante dos seres, pois só este, dos elementos, não conhecerá um – a cizânia –, ao passo que os mortais conhecerão todos, posto que cada um é composto de todos. E, em geral, por que motivo nem todos os seres têm alma, já que todo ser ou é um elemento ou é composto de um elemento ou de mais de um ou de todos? Pois é necessário que conheça ou um, ou alguns, ou todos. Alguém também poderia se perguntar o que seria aquilo que unifica os elementos; pois os elementos, de fato, se parecem com matéria; e assim o mais importante é aquilo que os mantém juntos, o que quer que isto seja. Que exista algo maior que a alma e que a domine, é impossível; e ainda mais impossível que haja algo assim em relação ao intelecto. Pois o mais razoável a se dizer é que este seja o mais primordial e principal por natureza, ao passo que os adeptos da doutrina em questão dizem que os elementos são os primeiros dos seres.

Mas todos que afirmam que a alma, pelo fato de conhecer e sentir os seres, é composta dos elementos, e quantos a consideram aquilo que por excelência produz movimento, não falam de toda alma. Pois nem todo ser senciente se move; é claro que alguns dos animais são estáticos no espaço; e, contudo, considera-se ser tal o único dos movimentos que a alma causa no animal. O mesmo questionamento fazemos também com relação a quantos consideram o intelecto e a faculdade sensitiva compostos a partir dos elementos; pois é evidente que as plantas vivem sem participarem da locomoção nem da sensação, e que muitos dos animais não possuem pensamento racional. Mas se alguém relevasse esses aspectos e definisse o intelecto como uma parte da alma, ou igualmente da faculdade sensitiva, sequer assim, absolutamente, falaria sobre toda alma nem sobre uma em seu todo. O mesmo problema também se dá com a doutrina dos chamados poemas órficos; pois, segundo ela, a alma adentra os seres quando eles respiram, vinda do universo, transportada pelos ventos. Mas isto de fato não pode dar-se com plantas, sequer [411a] com alguns dos animais, pois nem todos respiram; e isto passou despercebido aos proponentes de tal doutrina. E se se devesse compor a alma a partir dos elementos, não seria necessário fazê-la a partir de todos; pois um dos dois termos da contrariedade é suficiente para julgar a si e ao oposto. De fato, com a reta conhecemos a reta e a curva; pois juiz de ambas é a régua (ao passo que a curva não o é nem de si mesma nem da reta).

E alguns afirmam que ela se encontra mesclada no universo, donde talvez Tales tenha julgado que tudo é cheio de deuses. Mas tal concepção contém alguns impasses: Por que motivo a alma, quando está no ar ou no fogo, não produz animal, mas o faz nos compostos, a despeito de ser considerada superior no primeiro caso? Pois alguém poderia investigar também por que motivo a alma no ar é melhor e mais imortal do que a alma nos animais. Tanto de uma quanto de outra maneira, porém, esta doutrina incorre em conclusões paradoxais e absurdas. Afinal, chamar o fogo ou o ar de animal é sobremaneira absurdo, e não chamá-los de animais, havendo em seu interior alma, é paradoxal. E parece que creram que a alma se encontra dentro dos elementos, porque o todo é idêntico em espécie às partes; de modo que é forçoso que eles afirmem também que a alma seja idêntica em espécie às partes, se é ao receberem em si algo do ambiente que os animais se tornam animais animados. Mas se o ar retirado do ambiente pela respiração é similar em espécie, enquanto a alma é heterogênea, é claro que uma parte dela se encontrará neste ar, outra parte não. É necessário, portanto, ou que ela seja homogênea, ou que não seja contida em qualquer parte do universo.

É evidente, portanto, a partir do que foi dito, que nem o conhecimento é próprio da alma por ser ela composta dos elementos, nem é correto e verdadeiro afirmar que ela é movida.

Uma vez, porém, que o conhecer é próprio da alma, e também o são o sentir e o opinar, assim como o apetecer e o querer e em geral os desejos, e uma vez que ocorre o movimento local aos animais pela alma, bem como o crescimento, a maturidade e o fenecimento, [411b] é à alma no todo que se deve cada um destes estados, e com toda a alma pensamos, sentimos e nos movemos e cada uma das outras coisas fazemos e sofremos, ou é com partes diferentes que fazemos e sofremos umas e outras? E o viver, então, fica em uma única destas partes ou em mais, ou mesmo em todas, ou então é outra a sua causa? Alguns[6] dizem que a alma é divisível em partes, e que uma delas pensa, outra apetece. Mas então o que é que mantém a alma unida, se ela é divisível em partes por natureza? Pois não é, certamente, o corpo; parece, ao contrário, que é antes a alma que mantém o corpo unido; pois, uma vez tendo a alma saído do corpo, este se dissipa e se corrompe. Portanto, se é outra coisa que a faz una, o que o fará será propriamente a alma. Será necessário, por sua vez, investigar com relação a esta, se é uma ou se tem muitas partes. E se for uma, por que não é de imediato una a alma? Se for composta de partes,

---

6. Alusão a Platão.

36

novamente o raciocínio investigará o que é que mantém unida aquela, e assim se procederá ao infinito. Alguém poderia perguntar-se também, acerca das partes dela, que função cada uma desempenha no corpo. Pois, se a alma no seu todo mantém unido o corpo inteiro, cada uma de suas partes deveria manter unido algo do corpo. Mas isto parece impossível: pois a qual parte, ou de que modo, o intelecto dará unidade, é difícil mesmo de imaginar.

É claro que as plantas, quando divididas, continuam a viver, e dentre os animais alguns dos insetos, como tendo a mesma alma no que se refere à espécie, ainda que não no número; pois cada uma das partes tem sensação e se move localmente por algum tempo. Mas se não continuam nesse estado, não é de se estranhar: afinal, não possuem órgãos para conservarem a natureza; não obstante, em cada uma das partes se encontram todas as partes da alma, e as almas são similares em espécie entre si e com relação à alma total, como não sendo as partes separáveis umas das outras, mas como sendo a alma total divisível. E parece que o princípio que há nas plantas seja um tipo de alma; e, de fato, somente deste princípio participam tanto animais quanto plantas; e ele se distingue do princípio sensitivo, mas sem ele nenhum ser tem sensação.

Livro II

1 [412a] Quanto às opiniões transmitidas de nossos antecessores acerca da alma, baste o que dissemos; retornemos novamente como de princípio, tentando determinar o que é a alma e qual poderia ser a sua definição mais geral.

Dizemos, pois, que um dos gêneros dos seres é a substância, e que esta é, num sentido, como matéria, o que não é, por si mesmo, uma coisa determinada; num segundo sentido, é figura e forma, segundo a qual a matéria é já dita coisa determinada; e, num terceiro sentido, é o que surge como composto desses dois sentidos. A matéria é potência, já a forma é enteléquia, e esta pode ser entendida de dois modos: um como a ciência, o outro como o exercício atual da ciência.

E em especial parecem ser substâncias os corpos, e, destes, sobretudo os naturais; pois são estes os princípios dos demais. Dos naturais, uns têm vida, outros não a têm; e vida chamo a propriedade de nutrição por si, e de crescimento e de fenecimento. De modo que todo corpo natural participante de vida deve ser uma substância, e substância assim enquanto substância composta. E uma vez que o corpo é de tal tipo, a saber, que tem vida, não poderia o corpo ser alma; pois o corpo não faz parte dos atributos de um sujeito, mas antes é sujeito e matéria. Logo, é necessário que a alma seja substância enquanto forma de um corpo natural que tem em potência a vida. E a substância é enteléquia. Logo, a alma é enteléquia de um corpo de tal espécie.

Mas esta se diz em dois sentidos: num como ciência, noutro como exercício atual da ciência. É claro, portanto, que a alma é enteléquia enquanto ciência; pois, ao haver a alma, existem sono e vigília, e a vigília é análoga ao exercício atual da ciência, ao passo que o sono é análogo ao ter ciência e não exercê-la; e, no mesmo indivíduo, a ciência é, por origem, anterior. Donde a alma é a enteléquia primeira de um corpo natural que tem em potência vida. E tal corpo é qualquer um provido de [412b] órgãos. E também as partes das plantas são órgãos, mas completamente simples, como, por exemplo, a folha é cobertura do pericarpo, e o pericarpo o é do fruto; as raízes, por sua vez, são o análogo da boca; pois tanto aquelas quanto esta tragam o alimento. E se algo comum acerca de toda alma se deve dizer, há de ser que se trata da enteléquia primeira de um corpo natural provido de órgãos. Porquanto não é preciso buscar saber se a alma e o corpo são um, do mesmo modo como não se o indaga acerca da cera e da impressão, tampouco, em absoluto, acerca da matéria de cada coisa e aquilo de que é matéria; pois, uma vez que o um e o ser são ditos em muitos significados, o principal significado é a enteléquia.

Está assim exposto, em geral, o que é a alma; pois ela é substância no sentido de forma. Isto é, a essência própria de tal corpo determinado. Bem como se algum dos instrumentos fosse um corpo natural, como, por exemplo, um machado: a sua substância, de fato, seria o ser machado, e isto seria a sua alma; uma vez tendo ela se separado dele, não seria mais um machado, senão apenas por homonímia. Mas na realidade é um machado: pois a alma não é essência própria e forma de um corpo de tal sorte, mas sim de um corpo natural de tal qualidade contendo princípio de movimento e repouso em si.

Deve-se também considerar o que foi dito acerca das partes do corpo. Pois se o olho fosse um animal, sua alma seria a visão, pois é esta a substância do olho no sentido de forma do olho. O olho é a matéria da visão, e, uma vez apartada esta, não mais é um olho, exceto por homonímia, tal qual um olho de pedra ou um pintado. E deve-se, de fato, aplicar a todo o corpo vivente o que se refere à parte; pois a mesma relação que existe entre a parte e a parte existe igualmente entre a capacidade sensitiva inteira e o corpo senciente inteiro enquanto tal. E o que tem potência de viver não é o corpo que jogou fora a alma, mas o que a tem; e a semente e o fruto são em potência tal corpo. Portanto, a vigília é enteléquia [413a] do mesmo modo como o ato de cortar e o ato de enxergar; mas a alma, por sua vez, é enteléquia como a visão e a potência do instrumento; ao passo que o corpo é o ser em potência; mas, do mesmo modo como o olho é a pupila e a visão, assim também, no nosso caso, a alma e o corpo constituem o animal. Portanto, quanto ao fato de que a alma não é separável do corpo – ou algumas de suas partes não o são, se por natureza ela é divisível em partes – não resta dúvida; pois a enteléquia de algumas partes da alma é enteléquia das mesmas partes do corpo. No entanto, nada impede que algumas de suas partes sejam separadas, pelo fato de não serem enteléquia de nenhum corpo. Permanece ainda obscuro se a alma é enteléquia do corpo do mesmo modo como o piloto de um navio.

Em linhas gerais, seja este o esboço de uma definição acerca da alma.

2 Uma vez que das noções indistintas, mas mais claras para nós, surge o distinto e mais inteligível segundo a razão, deve-se novamente tentar abordar assim a pesquisa acerca da alma; pois o discurso definitório não deve expor somente o que é de fato, como a maioria das definições faz, mas

também deve conter em si e deixar evidente a causa. E, não obstante, os enunciados das definições são como conclusões, como, por exemplo: o que é uma quadratura? – É um retângulo equilátero ser equivalente a um retângulo de lados desiguais. Uma tal definição, porém, é enunciado de uma conclusão. Por sua vez, quem diz que a quadratura é o ato de achar um termo médio, expressa a causa da coisa.

Digamos, portanto, tomando isto como princípio da investigação, que o animado distingue-se do inanimado pelo viver. Mas como o viver é descrito de muitos modos, afirmamos que um ser vive se ele encerra em si ao menos uma destas faculdades: intelecto, sensação, movimento e repouso no espaço, e ainda o movimento da nutrição e também fenecimento e crescimento. Donde as plantas todas parecem viver; pois é visível que possuem dentro de si esta potência e este princípio, pelo qual apresentam crescimento e fenecimento em direções opostas; pois elas não crescem para cima sim e para baixo não, mas aquelas que se nutrem continuamente e vivem até o fim crescem em ambos e em todos os sentidos, enquanto podem tomar nutrição. E esta faculdade pode existir independentemente das demais, mas é impossível nos seres mortais que as demais existam independentemente desta. E isto é nítido nas plantas; pois elas não possuem nenhuma outra potência [413b] de alma. O viver, portanto, é próprio dos seres viventes por meio deste princípio, mas o animal existe primordialmente pela sensação; e, de fato, mesmo aqueles seres que não se movem nem mudam de lugar, se são dotados sensação, nós os chamamos de animais, e não apenas de seres viventes. E a sensação que todos possuem mais primordialmente é o tato. E assim como a faculdade nutritiva pode existir independentemente do tato e de toda forma de sensação, assim também pode sê-lo o tato com relação às demais sensações. Por faculdade nutritiva referimo-nos àquela parte da alma da qual participam também as plantas; por outro lado, é nítido que os animais todos possuem a sensação tátil. Agora, por que razão dá-se cada um desses dois fatos, diremos posteriormente.

Por ora, porém, limitemo-nos a dizer que a alma é o princípio destas ditas faculdades e é definida por elas, faculdades estas que são: nutritiva, sensitiva, pensante, movimento. No entanto, cada uma destas é uma alma ou parte da alma? E, se é parte, assim é de modo a ser separada conceitualmente apenas ou também espacialmente? Algumas dessas questões não são obscuras; outras, porém, contêm dificuldades. Pois, do mesmo modo como se dá no caso das plantas, em que algumas delas, ao serem divididas, parecem continuar a viver, mesmo sendo as partes separadas umas das outras, como se a alma presente nelas fosse, em cada planta, una em enteléquia, porém múltipla em potência, assim também observamos com relação a outras espécies de alma, a exemplo dos insetos, quando são seccionados; e, de fato, cada uma das partes tem sensação e o movimento local, e, se tem sensação, tem também imaginação e desejo; afinal, onde há sensação, há também dor e prazer, e onde há estes, necessariamente há também apetite. Já com relação ao intelecto e à potência teorética, não está ainda claro, mas parece que ele é um gênero de alma diverso, e que somente este pode ser separado, tal qual o eterno do corruptível. Mas quanto às demais partes da alma, está claro que elas não são separáveis, como dizem alguns[7]; mas que são conceitualmente distintas, está claro; pois a faculda-

---

7. Alusão a Platão.

de sensitiva é por essência diferente da faculdade opinativa, porquanto uma coisa é sentir e outra coisa opinar. E do mesmo modo com relação a cada uma das outras mencionadas. Ainda, alguns dos animais possuem todas elas, já outros algumas delas, outros, por sua vez, apenas uma, e é isto que produzirá a [414a] diferença entre os animais; agora, por que razão isso se dá, posteriormente se deverá investigar a questão. Algo próximo ocorre também com relação aos sentidos: alguns animais possuem todos eles, outros alguns, outros, por sua vez, apenas um, o mais necessário, o tato.

Contudo, dizer "aquilo pelo que vivemos e sentimos" pode significar duas coisas, assim como "aquilo pelo que sabemos" (chamamos ao primeiro ciência, ao segundo alma, e dizemos que por cada um destes sabemos), e também do mesmo modo "aquilo pelo que somos sãos" (ora significa pela saúde, ora por uma certa parte do corpo, ora pelo corpo inteiro); ciência e saúde são figura e forma e noção, e como que ato daquele que recebe, num caso daquele que é apto a saber, no outro daquele que é apto à saúde (pois parece-nos que o ato dos agentes está presente no paciente e disposto). Mas a alma é aquilo pelo que primariamente vivemos e sentimos e raciocinamos; de modo que deve ser noção e forma, e não matéria e o sujeito.

Uma vez que a substância tem três significados, como dissemos, dos quais um é a forma, outro a matéria e outro o composto de ambas (e destes a matéria é potência, a forma enteléquia), se o composto de ambos é o ser animado, não é o corpo que é enteléquia da alma, mas sim esta o é de algum corpo. E por isso supõem bem aqueles que consideram que a alma nem existe sem corpo, nem é ela um corpo. De fato, um corpo ela não é, mas sim algo de um corpo, e por isso existe dentro de um corpo, e num corpo determinado, e não como os antecessores queriam, os quais a adaptavam a um corpo, nada determinando sobre que corpo e de que natureza seria ele, conquanto seja evidente que algo aleatório não acolhe algo aleatório. À mesma conclusão chega-se com o seguinte raciocínio: a enteléquia de alguma coisa realiza-se naturalmente naquilo que é em potência esta coisa, e na matéria apropriada. Portanto, que a alma é uma enteléquia e forma daquilo que tem a potência de ser de tal natureza, fica claro a partir do que dissemos.

3 No que diz respeito às potências da alma que foram mencionadas, alguns seres vivos as possuem todas, como dissemos, outros algumas delas, e alguns apenas uma. E como potências consideramos a faculdade nutritiva, desiderativa, sensitiva, de mover-se no espaço, e intelectiva. E enquanto as plantas possuem apenas a faculdade nutritiva, os demais seres vivos possuem esta [414b] e também a sensitiva. E se há a faculdade sensitiva, há também a desiderativa; afinal, desejo é apetite, impetuosidade e vontade, e os animais todos têm uma das sensações, o tato; e naquele em que existe sensação, existem também prazer e dor e o aprazível e o doloroso, e naqueles em que existem essas coisas, existe também o apetite; pois este é o desejo pelo aprazível. Ainda, eles também têm a sensação do alimento. Pois o tato é sensação do alimento, já que todos os seres viventes nutrem-se com alimentos secos e líquidos e quentes e frios, e o que lhes permite senti-los é o tato. (Ao passo que aos outros sensíveis somente por acidente eles os sentem. Pois nem o som, nem a cor, nem o odor de forma alguma contribuem para a nutrição. Mas o sabor é uma das coisas que se sentem pelo tato.) A fome, pois, e a sede são apetite, e enquanto a fome é desejo do que é seco e quente, a sede o é do que é frio e líquido; ao passo que o sabor

é como que um tempero para estas propriedades. Estas questões deverão ser clarificadas posteriormente, mas por ora baste dizer que aqueles dentre os animais que têm tato possuem também desejo. Já com relação à imaginação, ainda não está claro, mas posteriormente isto deverá ser analisado. Em alguns existem, além destas, também a capacidade de mover-se no espaço, em outros, por sua vez, também a faculdade de pensar e o intelecto, como é o caso dos homens, e de algum outro ser deste feitio ou superior, se o há.

Fica claro, portanto, que a definição de alma possui a mesma unidade que a de figura geométrica; pois nem no caso desta existe figura além do triângulo e das que lhe sucedem, nem no caso daquela existe alma além das que já foram ditas. Poder-se-ia formular uma definição comum acerca das figuras, que se aplicará a todas, mas que não será própria de nenhuma figura. Do mesmo modo também com relação às referidas almas. Donde é ridículo buscar uma definição comum, tanto acerca destas coisas quanto de outras, definição esta que não será própria de nenhum dos seres nem aplicável à espécie própria e indivisível, deixando de lado uma definição de tal tipo. Algo próximo ao que se dá com relação às figuras vale também para o que concerne à alma; pois sempre no termo subsequente existe em potência o antecessor, tanto no que se refere às figuras quanto no que se refere aos seres animados: por exemplo, em um quadrângulo o triângulo, na faculdade sensitiva a nutritiva. De modo que se deve buscar, em cada tipo de ser vivo, qual a alma de cada um, como, por exemplo, qual a da planta e qual do homem ou do animal irracional. E então se deverá examinar por que razão as diferentes almas são assim dispostas em ordem de [415a] sucessão. De fato, sem a faculdade nutritiva não há a faculdade sensitiva; porém, a nutritiva existe sem a presença da sensitiva nas plantas. E sem a função tátil, por sua vez, nenhuma das outras sensações existe, ao passo que o tato sem a presença das demais ocorre; pois muitos dos animais não possuem nem visão nem audição, tampouco o sentido do olfato. E dentre os seres dotados de sensação, uns têm a propriedade de moverem-se no espaço, outros não a têm. Por fim, ainda, pouquíssimos possuem raciocínio e pensamento; naqueles dentre os seres corruptíveis que são dotados de pensamento, existem também todas as demais funções, mas nem todos os que possuem qualquer uma das outras têm também o pensamento, mas em alguns sequer existe a imaginação, já outros vivem somente com esta. Já com relação ao intelecto especulativo, a questão é outra. E sendo assim, está claro que o estudo que versa sobre cada uma destas faculdades é o mais apropriado também para versar sobre a alma.

4 É necessário que quem pretenda realizar uma pesquisa acerca destas faculdades determine qual é a essência de cada uma delas, para deste modo então investigar acerca das propriedades derivadas e o restante. Mas se se deve formular a essência de cada uma delas, como, por exemplo, o que é a faculdade intelectiva ou a sensitiva ou a nutritiva, deve-se primeiramente formular o que é o pensar e o que o sentir; pois, segundo a razão, primazia sobre as faculdades têm as atividades e as operações. E se é assim, é necessário examinar aquilo que é ainda anterior a essas, isto é, seus objetos: é destes, em primeiro lugar, que se deverá tratar, pela mesma razão; quer dizer, do alimento e do sensível e do inteligível. De modo que primeiramente deve-se falar acerca da nutrição e da geração.

Pois a alma nutritiva pertence também aos demais seres, e é a primeira e mais comum

faculdade da alma, pela qual em todos existe o viver.
Suas funções são gerar e fazer uso do alimento. Pois
a mais natural das operações dos seres viventes, de
quantos são perfeitos e não defeituosos ou cujo nas-
cimento não seja espontâneo, é produzir outro ser
igual a eles – se se trata de animal, outro animal; se de
planta, outra planta – para que participem do eterno
e do divino enquanto [415b] possam; pois todos eles
têm desejo disso, e em vista disso fazem tudo o que
fazem segundo a natureza (e o "em vista de" possui
dois significados: por um lado o escopo, por outro o
ser para o qual isto é escopo). E, uma vez que os seres
corruptíveis são incapazes de participar do eterno e
do divino de modo contínuo, porquanto nenhum deles pode permanecer sendo o mesmo e um em número, por esta razão cada um participa do modo como
pode, um mais, outro menos; e permanece sendo não
o mesmo, mas sim sendo um como o mesmo: não um
em número, mas um em espécie.

A alma é causa e princípio do corpo vivente.
Mas estes termos têm muitos significados. Não obstante, a alma é causa igualmente segundo os três
modos que foram distinguidos; ela, de fato, é donde
parte o movimento, e o fim em vista do qual, e a
alma é também causa enquanto substância dos corpos animados. Ora, que o é enquanto substância, é
evidente; afinal, causa do ser para todas as coisas é a
substância, e o viver é a essência para os viventes, e
a causa e o princípio destes é a alma. Ainda, a forma
do ser em potência é a enteléquia.

É claro que também enquanto fim a alma é causa; pois assim como o intelecto age em vista de algo,
do mesmo modo também a natureza o faz, e é este
o fim desta. E um tal fim nos animais é, segundo a
natureza, a alma; pois todos os corpos naturais são
instrumentos da natureza, e do mesmo modo
como se dá com os dos animais, também se

dá com os das plantas, porquanto existem em vista da alma. E o "em vista de" possui dois significados: por um lado o escopo, por outro o ser pelo qual isto é escopo.

Mas o princípio primeiro de movimento no espaço também é a alma. No entanto, esta faculdade não existe em todos os seres viventes. E também a alteração e o crescimento dão-se por conta da alma; pois a sensação, de fato, parece ser alguma alteração, e nenhum ser que não participa da alma tem sensação. E o mesmo vale no que concerne ao crescimento e ao perecimento; pois nenhum ser que não se nutre de modo natural fenece nem cresce, e nenhum que não participa de vida se nutre. Empédocles, por sua vez, não disse bem, quando adicionou que o crescimento se dá nas plantas para baixo com o desenvolvimento das raízes, porquanto [416a] a terra tem por natureza essa direção, e para cima, por que o fogo também tende para cima. Eis que sequer compreende bem o para cima e o para baixo; pois para cima e para baixo não são o mesmo para todos os seres e para o universo, mas as raízes são para as plantas o que a cabeça é para os animais, se se devem considerar diferentes ou iguais os órgãos pelas funções. Além disso, o que é aquilo que mantém unidos, enquanto tendem em direções opostas, o fogo e a terra? Pois se desprenderão, se não houver algo que impeça que isso ocorra; e se algo há que o faça, isto é a alma, a causa do crescer e do nutrir-se.

E alguns consideram que a causa da nutrição e do crescimento é simplesmente a natureza do fogo; de fato, ele parece ser o único dos corpos ou dos elementos que se alimenta e cresce. Donde alguém poderia supor que, tanto nas plantas quanto nos animais, seja este o que realiza tal função. No entanto, ele é de algum modo concausa, e não causa em sentido absoluto: antes o é a alma.

Pois o crescimento do fogo vai ao infinito, enquanto houver combustível, mas o de todos os seres que são compostos por natureza tem limite e nestes há proporção de tamanho e crescimento; e estas coisas são próprias da alma e não do fogo, e dizem respeito à forma mais do que à matéria.

Uma vez que a mesma faculdade da alma é a nutritiva e a generativa, é necessário primeiramente também sobre a nutrição traçar algumas distinções; pois é por esta função que esta faculdade se distingue das demais. E considera-se que o contrário seja alimento para o contrário, mas não todo contrário de todo contrário, e sim quantos dos contrários têm um do outro não somente origem, mas também crescimento; pois muitas coisas geram-se umas das outras, mas não são todas quantitativas – como, por exemplo, o saudável que se gera a partir do enfermo. É evidente também que sequer aqueles contrários são do mesmo modo alimento um para o outro, mas enquanto a água é alimento para o fogo, o fogo não alimenta a água. Portanto, é nos corpos simples, sobretudo, que parece que os opostos são um alimento, outro alimentado.

Contudo, a questão envolve uma dificuldade. Pois uns dizem que o símile se nutre do símile, do mesmo modo como cresce; já outros, como dissemos, consideram o inverso, isto é, que o contrário se nutre do contrário, julgando que o símile não pode sofrer do símile, ao passo que o alimento se transforma e é digerido; e a transformação, em todos os casos, dá-se para o oposto ou o intermediário. Ainda, o alimento sofre alguma paixão por ação do alimentado, mas não este do [416b] alimento, do mesmo modo como não sofre o carpinteiro do material, mas este sofre daquele; o carpinteiro muda apenas da inatividade à atividade. Agora, faz diferença se o alimento é o incorporado no fim ou no início do processo. Se ambos são alimento, mas um ainda indigesto e o outro já digerido, de ambos os modos se poderia falar de nutrição; pois enquanto ainda indigesto, o contrário se nutre do contrário, enquanto digerido, o símile se nutre do símile. De modo que fica claro que tanto uns quanto os outros dizem, de algum modo, tanto corretamente quanto não corretamente. Uma vez que nenhum ser que não participe de vida nutre-se, animado há de ser o corpo que se nutre, enquanto animado, de modo que o alimento tem relação com o ser animado, e não por acidente.

Mas a essência do alimento é diferente da essência do fator de crescimento; pois, tomando o ser animado enquanto uma quantidade, o alimento é fator de crescimento, enquanto algo concreto e substância, é nutrição. De fato, o ser animado conserva sua substância e existe durante o tempo em que se nutre. E o alimento causa a geração, não do alimentado, mas de um similar ao alimentado; pois já existe a sua própria substância, e nada gera a si mesmo, mas se conserva. De modo que um tal princípio da alma é uma potência capaz de conservar o ser que a possui enquanto tal, e o alimento lhe permite operar. E assim, uma vez privado de alimento, não pode mais existir. Uma vez que há três coisas, o nutrido, aquilo com que se nutre e o que nutre, aquilo que nutre é a alma primeira, o nutrido é o corpo que a tem, e aquilo com que se nutre é o alimento. E uma vez que é justo denominar todas as coisas pelo seu fim, e o fim é gerar um ser similar a si mesmo, a alma primeira há de ser um princípio capaz de gerar um ser similar ao que a tem. Mas "aquilo com que nutre" tem dois significados, do mesmo modo como se dá ao dizermos "aquilo com que governa a nau": tanto a mão quanto o timão; uma move e é movida, o outro é movido apenas. É necessário que todo alimento possa ser digerido, e é o calor que realiza a digestão; donde todo ser animado possui calor vital. Está dito, portanto, em linhas gerais, o que é o alimento; mais esclarecimentos sobre ele devem ser dados nos tratados específicos.

5 Uma vez definidas essas questões, falemos em geral acerca de toda sensação. A sensação, pois, consiste em ser movido e em sofrer uma paixão, conforme ficou dito; pois ela é tida como uma espécie de alteração. Já alguns dizem que o similar sofre do similar. Como isto [417a] vem a ser possível ou impossível, nós já o dissemos em nosso tratado geral acerca da ação e da paixão. Mas há uma dificuldade: Por que não se faz sensação dos próprios sentidos? E por que, sem os objetos externos, os sentidos não produzem sensação, havendo no seu interior fogo e terra e os demais elementos, dos quais se faz sensação por eles mesmos ou pelas suas propriedades acidentais? Ora, é evidente que a faculdade sensitiva não é em ato, mas apenas em potência. Donde não sente, do mesmo modo como o combustível não se queima por si só sem o ignífero; pois, do contrário, ele se queimaria a si mesmo, e não teria nenhuma necessidade de que houvesse o fogo em sua enteléquia.

Uma vez que dizemos "sentir" com dois significados (pois dizemos que ouve e vê tanto aquele que ouve e vê em potência, mesmo que aconteça de estar dormindo quanto aquele que já pratica efetivamente as ações de ver e ouvir), com dois significados há de se entender o sentido: um em potência, outro em ato. E igualmente com relação ao sentir: há o sentir em potência e o sentir em ato. De princípio, portanto, assumamos que sejam a mesma coisa o sofrer e o ser movido e o agir; pois, de fato, o movimento é uma ação, incompleta, certamente, conforme já dito em outros tratados. Todas as coisas sofrem e são movidas pelo agente, sendo este agente em ato. Donde é possível que sofram pelo similar, e é possível também que sofram pelo dissimilar, tal qual dissemos: pois, por um lado, é o dissimilar que sofre, mas, por outro, uma vez tendo sofrido, é similar.

Devem-se também traçar distinções com relação à potência e à enteléquia, já que até agora estamos falando em termos gerais sobre elas. Pois, num sentido, um ser é sapiente do modo como diríamos que o homem é sapiente, pois o homem é dos seres sapientes e possuidores de ciência; em outro sentido, como já dizemos ser sapiente aquele que tem gramática; cada um destes não é "em potência" do mesmo modo, mas um por ser seu gênero de tal sorte, e também sua matéria, o outro porque, uma vez querendo, é capaz em potência de exercer a ciência, ao menos que algo externo o impeça; aquele, por sua vez, que já exercita a ciência, é sapiente em enteléquia e sabe propriamente que algo concreto é A. Ambos os primeiros, portanto, são sapientes em potência, mas um realiza sua potência uma vez tendo mudado pelo aprendizado, e muitas vezes tendo passado de um estado ao oposto, já o outro, de modo diferente, uma vez tendo passado da pura posse da sensação [417b] ou da gramática, sem o exercício, ao exercício propriamente.

Mas sequer o "sofrer" é simples, mas significa tanto uma destruição provocada pelo oposto quanto, por outro lado, antes conservação do que é em potência pelo que é em enteléquia e que lhe é similar, sendo que esta similaridade corresponde à relação da potência com a enteléquia; pois é exercendo a ciência que aquele que detém a ciência passa ao ato, o que ou não é uma alteração (porque o progresso se dá em direção a si mesmo e à enteléquia) ou é outro gênero de alteração. Donde não se diz bem ao se afirmar que aquele que pensa, quando pensa, é alterado, do mesmo modo como tampouco é correto afirmar que o arquiteto sofre alteração quando edifica. Portanto, aquilo que conduz à enteléquia a partir do ser em potência, no caso do ser inteligente e pensante, não é correto que receba a denominação de instrução, mas sim outra denominação; ao passo que aquele que, a partir do ser em potência, aprendendo e obtendo ciência do ser em enteléquia e capaz de ensinar, deve-se dizer que ou não sofre, tal qual já foi dito, ou que são dois os modos de alteração: por um lado a mudança para as disposições privativas, por outro lado para as disposições próprias e a natureza do sujeito.

A primeira mudança do ser dotado de sensação dá-se provocada pelo genitor, e, quando é gerado, tem já a sensação ao modo de uma ciência. E a sensação em ato corresponde ao exercício da ciência; difere pelo fato de que para aquela os fatores que produzem o ato vêm de fora, o visível e o audível, bem como as demais coisas sensíveis. A causa disso é que a sensação em ato tem por objeto coisas particulares, ao passo que a ciência tem por objeto universais; e estas coisas, de algum modo, estão na própria alma. Donde pensar depende do sujeito, quando ele quiser, mas sentir não depende dele, pois é necessário que exista o sensível; e dá-se o mesmo também nas ciências das coisas sensíveis, e pela mesma causa, porquanto os sensíveis são coisas particulares e externas.

Mas haverá oportunidade para clarificar essas questões na sequência. Por ora, fique definido que não é simples a expressão "ser em potência", mas que ela pode significar, por um lado, como se disséssemos que o menino pode ser general, por outro, que um adulto o possa, e deste segundo modo se dá com relação à faculdade sensitiva. Uma vez que é desprovida de nome [418a] a diferença entre estes sentidos, mas foi definido quanto a eles o fato de que diferem e o modo como diferem, é necessário utilizar-se dos termos "sofrer" e "ser alterado" como se fossem termos próprios. Mas a faculdade sensitiva é em potência aquilo que o sensível já é em enteléquia, conforme foi dito. Sofre, portanto, enquanto não é similar, e, uma vez tendo sofrido, já se fez similar e é como aquele.

6 Deve-se agora falar, no que diz respeito ao estudo de cada sentido, primeiramente sobre os sensíveis. Quando se diz sensível, entendem-se três coisas, das quais duas dizemos que as sentimos pelo que são em si, e uma por acidente. Dos dois primeiros, pois, um é próprio de cada sentido, outro comum a todos os sentidos. Chamo de próprio aquele que não é suscetível de ser sentido por outro sentido, e acerca do qual não é possível enganar-se, como, por exemplo, a visão é sentido da cor, a audição do som e o paladar do sabor. O tato, por outro lado, tem mais qualidades diferentes por objeto; mas cada um dos sentidos julga pelo menos acerca de seus próprios objetos, e não se equivoca quanto ao que é cor ou som, mas quanto ao que é o objeto colorido ou onde ele esteja, ou o que seja o objeto que produz som ou onde ele esteja. Tais objetos, portanto, são ditos sensíveis próprios de cada sentido, já os comuns são: movimento, repouso, número, figura, grandeza; pois sensíveis desta sorte não são próprios de nenhum sentido, mas comuns a todos. Afinal, um movimento pode ser sentido tanto pelo tato quanto pela visão. Fala-se de sensível por acidente, por exemplo, quando o branco percebido seja o filho de Diares; pois é por acidente que se o percebe, porquanto por acidente ocorre de estar unido ao branco aquilo que se percebe.

Donde aquele que sente não sofre nada do sensível por acidente. Já quanto aos sensíveis por si, os sensíveis propriamente ditos são os específicos de cada sentido, e em relação a eles é naturalmente adaptada a substância de cada sentido.

7 O objeto da visão é o visível. Visível, pois, é a cor e também algo que se pode descrever com o discurso mas que ocorre de ser desprovido de nome; mas o que dizemos ficará claro sobretudo quando avançarmos. O visível, de fato, é cor. E é isto que existe sobre os visíveis por si; e, ao dizer "por si", refiro-me não ao que é visível pela sua definição, mas ao que tem em si mesmo a causa do fato de ser visível. Toda cor pode [418b] mover o ato diáfano, e é esta a sua natureza. Donde não é visível sem luz, mas toda cor de cada objeto é vista na luz. De modo que se deve discorrer primeiro acerca do que é a luz.

Existe, pois, algo diáfano. E diáfano chamo aquilo que é visível, no entanto que não é visível por si mesmo, para dizer brevemente, mas sim por meio de alguma cor alheia. Tais são o ar e a água e muitos dos corpos sólidos; mas não enquanto água nem enquanto ar são o diáfano, e sim porque há uma mesma natureza que existe nestes dois e no corpo eterno acima. A luz é o ato deste, isto é, do diáfano enquanto diáfano. E onde o diáfano existe em potência, lá há também escuridão. A luz é como que a cor do diáfano, quando o diáfano está em enteléquia, pela ação do fogo ou de algo parecido com o corpo celeste; afinal também este corpo tem um atributo que é uno e idêntico àquele do fogo. O que é o diáfano e o que a luz, foi dito; isto é: que não é nem fogo nem simplesmente corpo, sequer eflúvio de corpo algum (pois também assim seria algum corpo), mas a presença do fogo ou de algo similar no diáfano; pois tampouco é possível que dois corpos estejam simultaneamente no mesmo lugar.

Considera-se que a luz é o contrário da escuridão; a escuridão, no entanto, é privação de uma tal disposição do diáfano, de modo que é evidente que a sua presença é a luz. E Empédocles (e quaisquer outros que tenham dito como ele) não tem razão ao afirmar que a luz se propaga e se distende em um dado momento entre a terra e o elemento que a envolve, sendo que isto nos passa despercebido; pois isto se opõe à evidência da razão e contradiz o que é observável; por um pequeno intervalo este movimento poderia passar despercebido, agora, que passe despercebido do nascente ao poente, trata-se já de uma suposição sobremaneira exagerada.

O que pode receber cor é o incolor, o que pode receber som é o insonoro. Incolor é o diáfano e o invisível, ou aquilo que mal se enxerga, como parece ser o obscuro. Tal é o diáfano, sim, mas não quando for diáfano em enteléquia, e sim quando o for em potência; pois a mesma natureza ora é escuridão, ora é luz. [419a]

Não são todos os objetos visíveis que são visíveis na luz, mas somente a cor própria de cada um; pois alguns não se enxergam na luz, mas no escuro produzem sensação, como, por exemplo, aqueles que se mostram incandescentes e reluzentes (e estes são desprovidos de uma denominação única), como, por exemplo, cogumelo, chifre, cabeças de peixes e escamas e olhos; mas de nenhuma dessas coisas se vê a cor própria. Agora, por que causa são vistos no escuro, é uma outra questão.

Por ora está claro ao menos que o que se vê na luz é a cor. Donde ela não se vê sem luz; de fato, a essência própria da cor é esta, mover o diáfano em ato; e a enteléquia do diáfano é a luz; e há uma prova evidente disso: se alguém depositar o objeto que tem cor sobre a própria vista, não o verá; mas a cor move o diáfano, por exemplo, o ar; e por este, na medida em que é contínuo, é movido o sensor. E de fato Demócrito não se pronuncia bem acerca disso, julgando que, se o intermédio fosse vazio, poder-se-ia ver com precisão até mesmo uma formiga se ela estivesse no céu; pois isto é impossível. É quando o sensor sofre uma paixão que ocorre a visão; ora, mas é impossível que sofra pela própria cor do objeto visto; resta, portanto, que sofra por ação do intermédio, de modo que é necessário que exista um meio intermédio; e, se este for vazio, não apenas sem precisão, mas eis que, em absoluto, nada se enxergará.

Portanto, por que razão é necessário que a cor seja vista na luz já foi dito. O fogo, por sua vez, é visto em ambas, tanto na escuridão quanto na luz, e isso se dá necessariamente; pois o diáfano, por ação deste, torna-se diáfano[8]. O mesmo raciocínio vale também com relação ao som e ao odor; pois nenhum destes, tocando o sensor, produz a sensação, mas por ação do odor e do som o intermédio é movido, e por este cada um dos sensores; quando alguém depositar sobre o próprio sensor o objeto que produz odor ou som, ele não produzirá nenhuma sensação. No que concerne ao tato e ao paladar, dá-se do mesmo modo, conquanto não seja óbvio; por que causa isso acontece, ficará evidente mais tarde. O intermédio dos sons é o ar, ao passo que o do odor é desprovido de nome; mas se trata de uma propriedade comum ao ar e à água, e esta propriedade presente em um e outro elemento é para o objeto que tem odor o que o diáfano é para a cor; pois é óbvio pela observação que os animais aquáticos também [419b] possuem a sensação do olfato. Mas o homem e todos os animais terrestres que respiram não podem sentir o olfato sem respirar. A causa também destes fatos será exposta mais tarde.

---

8. I. é, o diáfano em potência torna-se diáfano em ato.

8 E agora primeiramente tracemos distinções acerca do som e da audição. O som pode ser entendido em dois sentidos, um em ato e um em potência. Algumas coisas não dizemos que possuem som, como, por exemplo, a esponja, a lã; outras afirmamos que o possuem, como o bronze e quantos corpos são firmes e lisos, porquanto podem soar. Isto é, podem produzir som em ato no intermédio entre eles e o ouvido.

O som em ato sempre é produzido por alguma coisa em relação a outra coisa e em alguma coisa; pois é um golpe o que produz o som. Donde é impossível que se faça som quando há um único objeto, pois o que golpeia é uma coisa, o que recebe o golpe é outra; de modo que aquilo que soa, soa em relação a outra coisa; e não há golpe sem movimento de translação.

Como dissemos, o som não surge do golpe de coisas quaisquer; pois a lã não produz nenhum som se for golpeada, mas o bronze e todos os corpos lisos e ocos o fazem. O bronze, pelo fato de ser liso; os objetos ocos, por sua vez, com a ressonância produzem muitos golpes em sucessão ao primeiro, uma vez que o ar posto em movimento fica impossibilitado de sair.

Ainda, ouve-se no ar e também na água, porém nesta menos. Mas não é determinante do som o ar, tampouco o é a água; é antes preciso que corpos duros se golpeiem um contra o outro e contra o ar. E isso se dá quando o ar, uma vez golpeado, resiste e não se dispersa. Donde, se for golpeado rápida e fortemente, emitirá som; de fato, o movimento do corpo que desfere o golpe deve ser mais rápido que a dispersão do ar, como se alguém batesse num monte ou numa nuvem de areia que se revolve rapidamente.

O eco ocorre quando do ar, que se fez uma massa una por conta da cavidade que o limitou e o impediu de dispersar-se, novamente o ar desprender-se, como uma esfera. Parece ocorrer sempre eco, mas nem sempre ele é claro, uma vez que acontece com o som do mesmo modo como com a luz; de fato, a luz sempre se reflete (afinal, do contrário não haveria luz por toda parte, e sim escuridão, exceto onde o sol ilumina diretamente), mas não se reflete do mesmo modo como sobre a água ou o bronze ou algum outro dos corpos lisos, de modo a produzir sombra, pela qual definimos a luz.

O espaço vazio corretamente é dito ser determinante do ouvir. Pois se considera que o ar seja espaço vazio, e é aquele o que produz o ouvir, quando é movido estando contínuo e uno. Mas devido ao fato de ser desprovido de consistência [420a] não emite ruído, se não for liso o objeto golpeado. Então o ar se torna uma massa una devido à superfície: pois é una a superfície do objeto liso.

Sonoro, portanto, é o corpo capaz de mover uma massa de ar em continuidade até o ouvido. E o ouvido é naturalmente adaptado ao ar, e, pelo fato de estar no ar, ao ser movido o ar exterior, move-se o ar interior. E por isso o animal não ouve com todas as suas partes, e tampouco o ar penetra em toda parte, porquanto a parte animada que será posta em movimento não tem ar por tudo. O ar, por si só, é algo insonoro, por ser algo facilmente disperso; mas quando ele for impedido de dispersar-se, o seu movimento será som. E o ar que se encontra nos ouvidos foi confinado para ser imóvel, a fim de que sinta com precisão todas as diferenças de movimento. Por isso é que também dentro da água escutamos, porquanto ela não entra no ar naturalmente unido ao ouvido; mas nem mesmo no ouvido entra, por conta do labirinto. Mas quando isso ocorre, o ouvido não ouve; e tampouco ouve se a membrana sofre algum dano, assim como se dá com a vista se a película sobre a pupila é danificada. Mas também é indício de ouvir ou não o fato de o ouvido ressoar sempre como o corno; pois o ar que se encontra nos ouvidos está sempre a mover-se num movimento próprio seu; mas o som é alheio e não próprio deste. E por isso dizem que se ouve por meio do espaço vazio e do objeto que soa, porquanto ouvimos com um órgão que contém uma determinada massa de ar.

Mas é o que golpeia ou o golpeado aquilo que soa? Ou ambos, mas de modo diferente? Pois o som é movimento daquilo que pode ser movido do modo como podem mover-se as coisas que ressaltam da superfície dos objetos lisos quando alguém golpeá-la. Nem tudo, como já foi dito, emite som ao ser golpeado ou ao golpear, como, por exemplo, ao atingir uma agulha outra agulha; mas é preciso que o golpeado seja plano, a fim de que o ar, agrupado numa massa, ressalte e vibre.

As diferenças dos sons ficam claras no som em ato. Pois do mesmo modo como, sem luz, não se enxergam as cores, tampouco sem som não se percebem o agudo e o grave. Esses termos são ditos metaforicamente, tomados dos objetos táteis; pois o agudo move a sensação muito por pouco tempo, ao passo que o grave o faz pouco por muito tempo. E não é que o agudo seja rápido e que o grave seja lento, mas no primeiro é graças à rapidez que o movimento é tal, no segundo é graças à lentidão. E [420b] parece haver uma analogia com aquilo que é ao tato agudo e obtuso; pois o agudo como que pica, ao passo que o obtuso como que empurra, pelo fato de um mover a sensação em pouco tempo, o outro em muito, de modo que ocorre, por acidente, de ser o primeiro rápido, o segundo lento.

No que concerne ao som, portanto, fiquem feitas estas distinções. Agora, a voz é um som de um ser animado; pois dentre os seres inanimados, nenhum emite voz, mas por similaridade diz-se que emitem voz, como, por exemplo, a flauta e a lira e quantos dos inanimados têm variação na duração, tom e timbre[9]. Pois também a voz parece que tem estas características. Mas muitos dos animais não possuem voz, como é o caso tanto dos animais desprovidos de sangue quanto, dentre os que têm sangue, os peixes. E isso se dá logicamente, porquanto o som é movimento do ar. Mas aqueles que se considera que emitem voz, como é o caso dos do Aqueloo, emitem som com as brânquias ou com algum outro órgão similar.

Voz, pois, é som de um animal, e não produzido com qualquer uma de suas partes. E uma vez que tudo emite som quando algo golpeia algo e em algo, sendo este último o ar, logicamente emitirão voz somente aqueles seres que recebem em si ar. De fato, a natureza utiliza o ar respirado para duas funções, do mesmo modo como se utiliza da língua para o paladar e para a fala; dos quais o paladar é necessário (donde existe em mais seres), ao passo que a expressão verbal dá-se em vista do bem-viver;

---

9. Os três atributos apresentam dificuldade para a tradução, e não há consenso entre os tradutores acerca de seu significado. Arriscamos aqui traduzir *apótasis* por "variação na duração"; *melos* por "tom" (seria melodia); e *diálektos* por "timbre". Outras possibilidades de leitura para o primeiro: *registro, alcance, ordenação*; para o segundo: *melodia*; para o terceiro: *expressão, linguagem, articulação*. Parece-nos natural que Aristóteles identifique no som produzido pelos instrumentos musicais as propriedades que costumeiramente chamamos de duração e tom, essenciais à música em sua dimensão rítmica e melódica, e, por fim, a expressividade peculiar de cada instrumento, que é a qualidade particular do som que produz, isto é, o timbre.

assim, também se utiliza da respiração para controlar o calor interno como algo necessário (e a razão disso será dita em outra parte) e para a voz, a fim de que tenha o bem-estar. E o órgão da respiração é a laringe; e aquilo em vista do que esta parte existe é este: o pulmão; pois é com este órgão que os animais terrestres possuem mais calor do que os outros. E primordialmente é também a região em torno do coração que tem necessidade da respiração. Donde é necessário que o ar respirado penetre dentro do animal. De modo que o golpe do ar respirado provocado pela alma localizada nestas partes, contra a chamada traqueia, é a voz.

Nem todo som provocado por animal é voz, conforme dissemos (pois é possível produzir som com a língua e também como quando se tosse), mas é necessário que aquele que produz o golpe seja animado e o faça com alguma imaginação; pois a voz é um som provido de significado, e não simplesmente um som produzido pelo ar respirado, como a tosse. [421] Mas com este ar o ser animado golpeia o ar que se encontra na traqueia contra a própria traqueia. Prova disso é que não se pode emitir voz nem ao se inspirar nem ao expirar, e sim retendo o ar; pois aquele que está retendo o ar provoca movimento com ele. E fica claro também por que os peixes são desprovidos de voz: é que eles não possuem laringe. E não possuem este órgão pelo fato de que não recebem dentro de si ar nem respiram. Agora, por que causa isso se dá, é outra questão.

9   No que concerne ao olfato e ao odoroso, é menos fácil de se fazerem distinções do que com relação aos sentidos de que já tratamos; pois não é claro o que propriamente seja o olfato na mesma medida em que o som ou a luz ou a cor. A razão é que nós não temos este sentido de forma apurada, mas de modo inferior a muitos animais;

pois é de modo rudimentar que o homem fareja, e não sente o cheiro de nenhum objeto odoroso sem mal-estar ou prazer, porquanto não é aguçado o sensor; é de se supor razoavelmente que assim percebem as cores os animais de olhos duros, e que não sejam claras para eles as diferenças das cores senão por provocarem medo ou não; e assim para o gênero dos homens os odores. Parece haver uma analogia entre este sentido e o gosto e igualmente entre as espécies de sabores e as de odor. Mas de modo mais aguçado temos o paladar, pelo fato de ser ele uma forma de tato, e este sentido é o que o homem possui em máximo grau de precisão; pois se o homem é inferior a muitos animais nos demais sentidos, com relação ao tato supera os outros animais, tendo-o muito mais aguçado. Donde é o mais inteligente dos animais. Prova disso é que entre os homens, devido a este sensor, há aqueles naturalmente mais inteligentes e aqueles naturalmente menos capazes, mas devido aos demais sentidos não se faz essa distinção; pois aqueles que possuem carne dura são naturalmente pouco inteligentes, já os de carne macia são bem-dotados.

Assim como existe sabor doce e sabor amargo, também do mesmo modo se dá quanto aos odores. Mas algumas coisas possuem odor e sabor análogos – digo, por exemplo, quando algo tem odor doce e sabor doce, ao passo que outras coisas são o contrário. Igualmente também pungente, acre, ácido e untuoso podem ser os odores. Mas, conforme dissemos, pelo fato de os odores não serem tão claramente discerníveis quanto os sabores, aqueles tomaram emprestados destes as [421b] denominações, por conta da semelhança dos objetos; pois o odor do mel e do açafrão é doce, o do tomilho e de outras coisas do gênero é pungente; e do mesmo modo com relação aos outros odores.

Assim como é a audição e cada um dos sentidos para seus objetos – a primeira tem por objeto o audível e o inaudível, já a visão tem por objeto o visível e o invisível – do mesmo modo também é o olfato para o odoroso e o inodoro. Inodoro é tanto aquilo que é em absoluto incapaz de ter odor quanto aquilo que o tem pouco e o que o tem de modo insignificante. Do mesmo modo diz-se com relação ao insípido.

Mas também o olfato dá-se por meio do intermédio, como, por exemplo, o ar ou a água; de fato, os animais aquáticos parecem sentir odor, igualmente os providos de sangue e os desprovidos de sangue, bem como os animais que vivem no ar; pois alguns destes vêm de longe de encontro ao alimento, tendo sido atraídos pelo cheiro. Donde surge um problema óbvio: se todos os animais sentem o odor do mesmo modo, ao passo que o homem o faz enquanto inspira, mas quando não inspira e sim expira ou segura a respiração não sente odor, nem de longe nem de perto, e sequer se o objeto odoroso for depositado na superfície interna de sua narina (o fato de o objeto depositado sobre o próprio sensor não poder ser sentido é comum a todos os animais, mas não sentir odor sem inspirar é peculiar dos homens; e isto fica claro a quem faz experiência). De modo que os animais desprovidos de sangue, porquanto não respiram, poderiam ter um outro sentido além dos mencionados. Mas é impossível que isso se dê, se de fato é odor que sentem; pois a sensação do odoroso, tanto malcheiroso quanto perfumado, é olfação. Ainda, parecem também perecer por ação dos mesmos odores fortes que fazem o homem perecer, como, por exemplo, do betume e do enxofre e de coisas do tipo. É, portanto, necessário que sintam o olfato, mas sem respirar.

Parece, pois, que este sensor nos homens é diferente do análogo dos demais animais, tal qual é o caso dos olhos humanos com relação aos dos animais de olhos duros; enquanto os olhos dos primeiros têm como cobertura e quase como invólucro as pálpebras, e, sem movê-las ou erguê-las, não enxergam, os segundos, por sua vez, não possuem nada do tipo, mas enxergam diretamente no diáfano o que acontece. Assim, portanto, parece que também o sensor olfativo é em uns [422a] descoberto, como o olho, em outros (que são os que recebem em si ar) tem um revestimento que, durante a respiração, descobre o sensor, com a dilatação das veias e dos poros. E é por isso que os animais que respiram não sentem odor dentro de ambiente líquido; afinal, para sentir o odor é necessário que se respire, e é impossível de fazê-lo no líquido. E o odor é próprio do seco, assim como o sabor é do líquido, e o sensor olfativo é em potência seco.

10 O objeto do paladar é algo tangível; e esta é a razão pela qual não pode ser sentido através do intermédio de algum corpo alheio; pois tampouco o pode o tato; e o corpo no qual está o sabor, o objeto do paladar, tem por matéria em que se encontra o úmido; e este é algo tangível. Por isso, mesmo se estivéssemos dentro da água, nós sentiríamos se fosse jogado dentro dela o doce; e não teríamos a sensação pelo intermédio, mas pelo fato de ter-se o doce misturado com o líquido, como se dá com a bebida. A cor, por sua vez, não é assim vista por mesclar-se ao diáfano, tampouco pelos seus eflúvios. Não há, portanto, com relação ao sabor, nada como intermédio; mas como a cor é o visível, assim o sabor é o sápido. Nada produz sensação de sabor sem umidade, mas possui umidade seja em ato ou em potência, como, por exemplo, o salgado; pois tanto pode ele próprio facilmente umedecer-se quanto pode umedecer a língua. E assim como é a visão para o visível e o invisível (pois a escuridão é invisível, mas

também ela é distinguida pela visão) e também para o muito brilhante (pois também este é invisível, mas de modo diferente da escuridão); e, igualmente, assim como é a audição para o som e para o silêncio (dos quais o primeiro é audível e o segundo não é audível) e para o som muito intenso, tal qual a visão do brilhante (pois conforme o som fraco é inaudível, de certa maneira tampouco o é o forte e violento); (o termo "invisível" é dito com relação tanto ao que não se vê em absoluto – conforme com relação a outras coisas se diz "impossível" – quanto com relação ao que não tem ou tem imperfeitamente suas características naturais – como o que é sem pé ou sem caroço)[10]: assim, na mesma relação que os ditos sentidos e seus objetos apresentam, é o paladar para o sápido e para o insípido, sendo este último o que tem sabor tênue ou insignificante ou capaz de corromper o paladar.

O princípio da distinção parece ser o potável e o não potável; pois tanto um quanto outro são um tipo de sabor; mas um é insignificante e corrompe o paladar, o outro é de acordo com a natureza. E o potável é comum ao tato e ao paladar.

Mas uma vez que o sápido é úmido, [422b] é necessário que o sensor relativo a ele não seja nem úmido em entéléquia nem impossível de umidificar-se. Pois o paladar sofre uma paixão por ação do

---

10. Este trecho é complexo e tem conexões sintáticas obscuras; os tradutores divergem no modo como organizam a passagem. Julgamos pertinente lançar mão de parênteses e travessões, para facilitar a percepção da estruturação básica do raciocínio: *Assim como é a visão para o visível e o invisível... e como é a audição para o som e para o silêncio... é também o paladar para o sápido e para o insípido.* Uma série de explicações e informações adicionais é inserida em meio a estes termos subordinados.

sápido, enquanto sápido. Logo, é necessário que se umidifique aquilo capaz de ser umidificado, e que o seja de tal modo que possa resguardar sempre a sua integridade, sem, no entanto, ser úmido – refiro-me ao órgão do paladar. Prova disso é que não se sente nem com a língua totalmente seca nem com ela muito úmida; pois este tato dá-se com o líquido primeiro[11], como quando alguém, tendo antes provado algo de sabor forte, provar outra coisa; e, do mesmo modo, como aos enfermos tudo parece amargo, pelo fato de sentirem com a língua cheia de tal umidade.

As espécies de sabores, como se dá com as cores, na sua forma simples são os contrários, o doce e o amargo; e derivado do primeiro o untuoso, do segundo o salgado; e entre estes há o acre, o pungente, o azedo e o ácido; pois as diferenças entre os sabores parecem ser aproximadamente estas. De modo que o paladar é em potência tal, ao passo que o sápido é o que o faz passar à enteléquia.

11 Agora, com relação ao tato e o tangível, a definição é a mesma; pois se o tato não é um sentido, mas mais de um, é necessário também que os sensíveis táteis sejam mais. Mas o problema é se se trata de um ou mais de um sentido, e o que é o sensor do tato: a carne e o que lhe é análogo nos demais animais, ou não é ela, mas a carne é antes o intermédio, e o sensor primário é outro órgão que fica dentro?

Toda sensação parece referir-se a uma oposição, como, por exemplo, a visão com relação ao branco e o preto e a audição com relação ao agudo e o grave e o paladar com relação ao amargo e o doce; mas o tangível compreende muitas oposições, quente-frio, seco-molhado, duro-mole, e outras mais desta sorte.

---

11. I. é, o líquido já naturalmente presente na língua.

Uma certa solução para este problema é oferecida pelo fato de que, também no que se refere aos demais sentidos, existem mais oposições, como, por exemplo, na voz não há apenas agudo-grave, mas também volume-debilidade e suavidade-aspereza de voz e outras do gênero. Existem também no que concerne à cor outras diferenças desta sorte. Mas o que é a única coisa subjacente ao tato – a exemplo do som com relação à audição – não é manifesto.

Com relação à questão de ser o sensor dentro ou não sê-lo, mas sim [423a] diretamente a carne, o fato de a sensação dar-se concomitantemente ao serem tocados os objetos não parece provar nada. Pois mesmo se alguém, após fabricar algo como uma membrana, a estendesse em torno da carne, do mesmo modo ela transmitiria a sensação tão logo fosse tocada; e, no entanto, é óbvio que não fica nela o sensor; e se ela passasse a ser unida por natureza à carne, ainda mais rapidamente a sensação se transmitiria através dela. Donde esta parte do corpo parece comportar-se[12] como se o ar por natureza nos recobrisse por toda a volta; pois teríamos, neste caso, a impressão de estar sentindo com um só órgão tanto o som quanto a cor e o odor, e de ser uma única sensação a da visão, audição e olfato. Na realidade, porém, uma vez que os meios através dos quais se dão os movimentos são separados do corpo, fica claro que os ditos sensores são diferentes entre si. Com relação ao tato, no entanto, isto por ora não está claro; afinal, é impossível que o corpo animado seja constituído de ar e água, pois ele deve ser algo sólido. Resta, pois, que ele seja um composto de terra e estes elementos,

---

12. A formulação é lacônica no original; deve-se entender: *a carne parece comportar-se com relação ao tato...*

como tende a ser a carne e seu análogo nos outros animais; de modo que é necessário que também o corpo seja o intermédio naturalmente crescido por cima do sentido tátil, através do qual se produzem as sensações, que são várias. E que são várias, o tato da língua o deixa claro; pois com a mesma parte sente todos os objetos táteis e o sabor. Agora, se o restante da carne sentisse o sabor, pareceria que o tato e o paladar são um e o mesmo sentido; contudo, eles são dois, pelo fato de os seus órgãos não serem intercambiáveis.

Mas, uma vez que todo corpo tem profundidade, isto é, a terceira dimensão, pode surgir uma dificuldade. Dois corpos, entre os quais há outro corpo, não podem tocar-se um ao outro; e o úmido não existe sem corpo, tampouco o molhado, mas é necessário que ou seja água ou possua água; e os objetos que se tocam mutuamente dentro da água, sem estarem suas extremidades secas, necessariamente têm água entre si, da qual suas extremidades estão cheias. Mas se isso é verdade, é impossível dentro da água uma coisa tocar outra; e do mesmo modo também no ar (pois o ar está para as coisas que nele se encontram do mesmo modo como está a água para as coisas que se encontram na própria água, mas isso se nos passa mais despercebido, assim como também aos animais dentro da água passa despercebido [413b] que um corpo molhado toca outro corpo molhado); portanto, a questão é se todas as coisas são sentidas do mesmo modo, ou umas o são de um jeito, outras de outro, tal qual se considera hoje, sendo o paladar e o tato exercidos pelo toque, ao passo que as demais sensações dão-se de longe.

Entretanto, isso não é assim, mas nós sentimos tanto o duro quanto o mole através de outros corpos, assim como o sonoro e o visível e o odoroso; mas a estes últimos de longe, ao passo que aos primeiros de perto, e por isso o meio nos passa despercebido; porquanto, de fato, sentimos tudo através do meio, mas no caso dos táteis não nos apercebemos. E, não obstante, como dissemos já anteriormente, se sentíssemos através de uma membrana todos os objetos táteis, sem que nos déssemos conta de que ela se interpõe, estaríamos do mesmo modo conforme agora, na água ou no ar; pois julgamos efetivamente que tocamos os objetos sem que nada esteja entre nós e eles.

Mas o tátil difere dos objetos visíveis e sonoros, porquanto a estes últimos nós os sentimos mediante a ação que o intermédio exerce sobre nós, ao passo que aos objetos táteis nós não os sentimos por ação do intermédio, mas simultaneamente ao intermédio, como se dá com alguém que é golpeado através do escudo; pois o escudo não deu a pancada após ter sido atingido pelo golpe, mas tanto o homem quanto o escudo foram simultaneamente golpeados. E, de modo geral, parece que a carne e a língua se encontram na mesma relação com os respectivos sensores próprios na qual o ar e a água se encontram a respeito da visão, da audição e do olfato. Se o próprio sensor fosse tocado, nem naquele nem neste caso dar-se-ia a sensação – como, por exemplo, se alguém pusesse um corpo branco sobre a superfície do olho. Donde está claro que o sensor do tato fica na parte interna. Só assim dar-se-á tal qual com os outros sentidos: pois não se sentem os objetos quando são postos em cima do sensor, mas quando são postos em cima da carne são sentidos, de modo que a carne é o intermédio da faculdade tátil.

Os tangíveis, portanto, são as diferenças do corpo enquanto corpo; e chamo de diferenças aquelas que determinam os elementos: quente-frio, seco-molhado, sobre as quais já falamos anteriormente no tratado *Sobre os elementos*. E o sensor destas é o órgão capaz de sentir o tato, isto é, a parte em que primariamente localiza-se a sensação chamada tato e que é em potência tais qualidades. Pois o [424a] sentir é sofrer alguma paixão. De modo que o agente torna igual a si em ato aquilo que o é em potência. Donde não sentimos o que é, na mesma intensidade do sensor, quente e frio ou duro e mole, mas sim sentimos os excessos, e assim a sensação é como que um meio-termo entre as oposições dos objetos sensíveis. E é por meio disso que julga os sensíveis. Isso porque o intermediário é apto a julgar, pois, em relação a cada um dos dois extremos, é o outro extremo; e como aquele que há de perceber o branco e o preto não deve ser nenhum destes dois em ato, mas em potência deve ser ambos (e assim também com relação aos outros sentidos), tampouco, no que concerne ao tato, deve o sensor ser nem quente nem frio. E ainda, assim como a vista é de certo modo o senso do visível e do invisível, igualmente os demais sentidos o são com relação aos seus opostos, e assim também o tato é sentido do tangível e do intangível; e intangível é tanto o que possui em mínimo grau uma qualidade específica dos corpos tangíveis, como, por exemplo, o ar, quanto os exageros das qualidades tangíveis, como é o caso dos corpos destrutivos.

Acabamos de discorrer, portanto, de maneira esquemática sobre cada uma das sensações.

12 Em geral, no que concerne a todo sentido, deve-se considerar que sentido é aquilo que recebe as formas sensíveis sem a matéria, como a cera recebe a impressão do anel sem o ferro e o ouro, e recebe o cunho de ouro ou de bronze, mas não enquanto ouro ou bronze; igualmente também o sentido de cada objeto sensível sofre por ação do objeto que tem cor ou sabor ou som, mas não enquanto cada um destes objetos é dito

uma coisa determinada, mas sim enquanto coisa de tal qualidade, e segundo a sua forma. E o sensor primeiro é aquele em que reside tal potência. Ambos são, portanto, o mesmo, mas a essência deles é diferente; pois o que sente seria uma grandeza; mas nem a essência da faculdade sensitiva nem o sentido são grandezas, mas sim alguma proporção e potência daquele que sente.

Fica evidente a partir dessas coisas também por que os excessos dos objetos sensíveis por vezes destroem os sensores; pois se o movimento[13] for mais forte do que o sensor, desfaz-se a forma (e isto é a sensação), do mesmo modo como se desfazem a harmonia e o tom quando as cordas dos instrumentos são golpeadas com muita violência; e fica evidente também por que as plantas não sentem, tendo elas alguma parte de alma e sofrendo alguma paixão por ação dos próprios objetos tangíveis; afinal, elas se resfriam [424b] e se aquecem; a causa é que não têm o meio-termo, tampouco um princípio de tal sorte que lhes permita receber as formas dos sensíveis[14], mas sofrem junto com a matéria. Alguém poderia perguntar-se se o ser que não pode sentir olfato poderia sofrer algo por ação do odor, ou por ação da cor um ser que não possa enxergar; e igualmente com relação aos outros sentidos. Ora, se o objeto odoroso é um odor, se o odor produz algo, o que produz é olfato; de modo que nenhum dos seres incapazes de sentir olfato pode sofrer por ação do odor; e o mesmo raciocínio vale também acerca dos demais sentidos; e sequer o pode algum dos seres

---

13. Por movimento, entenda-se: o estímulo provocado pelo objeto sensível sobre o órgão do sentido.

14. Subentenda-se: sem a matéria.

capazes de sentir, senão na medida em que possui cada uma das faculdades sensitivas. E isso fica claro também desta maneira: nem a luz e a escuridão, nem o som, nem o odor produzem nada nos corpos, mas as coisas onde se encontram o fazem, a exemplo do ar junto com o trovão que parte o tronco. Mas os objetos tangíveis e os sabores agem; pois, se não agissem, por ação de que os seres inanimados sofreriam e se alterariam? Acaso, então, também os objetos dos demais sentidos podem fazer o mesmo? Ou, antes, não são todos os corpos que sofrem por ação do odor e do som, e aqueles que sofrem não têm forma determinada, e não são estáveis, como o ar? Pois o ar torna-se odoroso como se tivesse sofrido alguma paixão. O que é sentir cheiro senão sofrer uma paixão? Ou sentir cheiro é também ter sensação, enquanto o ar, uma vez tendo sido afetado, rapidamente torna-se sensível?[15]

---

15. O ar, diferentemente do ser senciente, é afetado pelo odoroso apenas na medida em que se torna, também ele, um sensível; o ser senciente, por outro lado, na medida em que é dotado da potência sensitiva, pode perceber, isto é, acolher em si o sensível sem a matéria em que este se encontra.

Livro III

1 Que não existe outro sentido além dos cinco (refiro-me à visão, audição, olfato, paladar, tato), alguém poderia crer a partir disto que se segue. Se realmente temos sensação de tudo quanto se faz sensível pelo tato (porquanto todas as qualidades do tangível enquanto tangível fazem-se sensíveis a nós com o tato), é necessário, se de fato falta alguma sensação, que também algum sensor nos falte; e tudo aquilo que percebemos mediante o toque direto é sensível ao tato que nós acontecemos de possuir, já aquilo que percebemos através do intermédio, e não ao tocá-lo nós mesmos, é sensível pelos elementos simples, digo o ar e a água; e é de tal modo que, se com um intermédio fazem-se sensíveis mais coisas, diferentes entre si quanto ao gênero, é necessário que quem possua um tal sensor possa sentir ambas (p. ex., se o sensor é de ar, e o ar é o intermédio tanto do som quanto da cor); porém, se há [425a] mais intermédios para o mesmo sensível, como é o caso, por exemplo, da cor que tem como intermédio o ar e a água (pois ambos são diáfanos), aquele que possui sensor constituído de um só dos dois, sentirá o sensível que tem como intermédio ambos; mas os sensores são constituídos apenas de dois dos elementos simples, do ar e da água (pois a pupila é de água, já o ouvido é de ar, ao passo que o sensor do olfato é de um e de outro), e o fogo, por sua vez, ou não é de nenhum sensor, ou é comum a todos (pois nada se pode sentir sem calor), ao passo que a terra ou não é de nenhum ou é mesclada sobretudo no tato; donde não haveria outro sensor

além daqueles compostos de água e ar; e estes, ademais, alguns animais os possuem realmente; todas as sensações, portanto, são possuídas pelos animais que não sejam nem imperfeitos nem mutilados; pois é óbvio que mesmo a toupeira tem os olhos por baixo da pele; de modo que, se não existe outro corpo ou afeição que não pertence à nenhum dos corpos deste mundo, não nos pode faltar nenhum sentido.

Mas sequer pode existir algum sensor específico para os sensíveis comuns, os quais sentimos com cada um dos sentidos por acidente, como, por exemplo, o movimento, o repouso, a figura, a grandeza, o número, a unidade; pois todos estes nós percebemos por meio do movimento, como, por exemplo, pelo movimento sentimos a grandeza e, por conseguinte, também a figura; pois a figura é uma grandeza; e aquilo que está em repouso nós sentimos pelo fato de não se mover; o número, pela negação da continuidade e pelos sensíveis próprios; pois cada sentido percebe uma só qualidade sensível. De modo que está claro que é impossível existir um sentido especial para qualquer um destes, como, por exemplo, para o movimento; pois assim seria como ocorre agora quando percebemos o doce com a visão. Isto se dá porque acontece de possuirmos sensação de ambos, por meio da qual os reconhecemos, quando eles ocorrem juntos; se não fosse assim, não os sentiríamos senão por acidente, como se dá, por exemplo, com relação ao filho de Cléon, que percebemos não por ser filho de Cléon, mas por ser algo branco; e ao branco ocorreu por acidente de ser o filho de Cléon. Já dos sensíveis comuns temos uma sensação comum, não por acidente; logo, não existe um sentido específico para eles; pois se existisse, não os sentiríamos em absoluto, mas apenas do modo como se disse que vemos o filho de Cléon. Os sentidos percebem por acidente os objetos sensíveis específicos uns dos outros, não enquanto sentidos particulares, mas como um único sentido, quando [425b] se dá a sensação concomitante a respeito do mesmo objeto, por exemplo, do fel: percebe-se que é amargo e amarelado; pois não é função de outro sentido dizer que estas duas qualidades são uma só coisa; donde se engana, e se há uma coisa amarelada, pensa que é fel.

Alguém poderia perguntar em vista de que temos mais sentidos, e não um só. Talvez seja para não nos passarem despercebidos os sensíveis que acompanham os sensíveis específicos e os comuns, por exemplo, o movimento, a grandeza, o número; afinal, se existisse somente a visão, e ela tivesse por objeto o branco, os sensíveis comuns nos passariam despercebidos mais facilmente e nos pareceria que todos os sensíveis são a mesma coisa na medida em que cor e grandeza acompanham um ao outro. Na realidade, porém, uma vez que os sensíveis comuns existem também no objeto de outro sentido, fica claro que cada um deles é uma coisa distinta.

2 Uma vez que percebemos que enxergamos e escutamos, é necessário percebermos que a visão enxerga ou com a visão ou com outro sentido. Mas então o mesmo sentido perceberá a visão e a cor, objeto da visão. De modo que ou dois sentidos terão o mesmo objeto ou um sentido será objeto de si mesmo. Além disso, se outro for o sentido que percebe a visão, ou a coisa irá ao infinito, ou algum destes sentidos será sentido de si mesmo. De modo que se deve atribuir essa propriedade ao primeiro sentido[16]. Há, contudo, um problema: se perceber com a vista é ver, e o que se vê é cor ou o que tem cor, se alguém

---

16. I. é, a visão percebe tanto seu objeto quanto a si mesma.

vir o "estar vendo", o "estar vendo" também terá cor em primeiro lugar. É claro, pois, que "perceber com a vista" não é uma só coisa; afinal, mesmo quando não estamos vendo, com a vista distinguimos a escuridão e a luz, mas não do mesmo modo. E ainda, também o "estar vendo" é de certo modo colorido. Pois cada sensor é capaz de receber o sensível sem a matéria. Donde, mesmo quando não estão mais presentes os sensíveis, permanecem as sensações e imagens nos sensores.

O ato do sensível e da sensação são, sim, o mesmo e único ato, mas diferem na essência; digo, por exemplo, o som em ato e o ouvido em ato; pois é possível que alguém que tenha ouvido não ouça, e algo que tenha som não soe sempre, mas quando aquele que tem a potência de ouvir e aquilo que tem a potência de soar agirem, então ocorrem simultaneamente o ouvido em ato e o som em ato [426a], e alguém poderia chamar o primeiro de audição[17] e o segundo de ressono. E se de fato há movimento e ação e paixão naquilo que sofre a ação, é necessário que o som e a audição em ato estejam na audição em potência; pois o ato do agente e do movente se realiza no paciente; donde não é necessário que o movente seja movido. Portanto, o ato daquilo que produz som é o som ou o ressono, ao passo que o ato do que escuta é o ouvido ou a audição; pois audição tem dois significados[18], e dois significados também

---

17. No original, distingue-se esta palavra (*akousis*) do termo aplicado ao sentido da audição (*akoé*). Trata-se aqui da *ação de ouvir*. Em português, tanto o termo *audição* quanto *ouvido* designam o sentido. Parte da argumentação aqui se concentra em alguns aspectos próprios da língua grega.

18. I. é, em potência e em ato.

tem o som. E o mesmo vale também com relação aos outros sentidos e sensíveis. E como a ação e a paixão se encontram no paciente e não no agente, assim também o ato do objeto sensível e o da faculdade sensitiva se encontram no sujeito senciente. Mas se em alguns casos os dois atos têm nome, como, por exemplo, o ressono e a audição, em outros casos um ou outro é desprovido de nome; pois a ação da vista é chamada de visão, mas a ação da cor não tem nome, e a ação do paladar é a gustação, mas a ação do sabor é sem nome.

Uma vez que é um o ato da faculdade sensitiva e do objeto sensível, mas é diferente a sua essência, é necessário que ouvido e som, entendidos assim, pereçam e se conservem simultaneamente, e o sabor e o paladar, e os demais do mesmo modo; porém o mesmo não é necessário para os sensíveis e as faculdades sensitivas em potência; mas os fisiólogos anteriores não se pronunciavam bem quanto a isso, considerando que nada, nem o branco nem o preto, existe sem a vista, tampouco o sabor sem a faculdade do paladar. Num sentido, diziam corretamente, em outro, porém, incorretamente; na medida em que sentido e sensível têm duplo significado, podendo ora ser entendidos como em potência, ora como em ato, a opinião deles é acertada com relação ao primeiro caso, mas não ao segundo. Mas eles falavam em termos absolutos sobre coisas que não se formulam em termos absolutos.

Se a harmonia é um tipo de voz, e a voz e o ouvido são, num sentido, uma coisa só, e em outro sentido não são uma e a mesma coisa, e se a harmonia é uma proporção, é necessário que também o ouvido seja alguma proporção. E, por isso, todo excesso, tanto o agudo quanto o grave, danifica o ouvido; e igualmente nos sabores os excessos danificam o paladar, e [426b] nas cores o excessivamente reluzente ou o tenebroso danificam a vista, e com relação ao olfato o odor violento, tanto doce quanto amargo, porquanto o sentido é um tipo de proporção. Por isso os objetos sensíveis são agradáveis quando, estando puros e não misturados, são conduzidos à proporção, como, por exemplo, o azedo ou o doce ou o salgado, pois então são agradáveis; mas em geral a mistura é a harmonia mais do que o agudo ou o grave o são. E, para o tato, o é aquilo que pode ser aquecido ou resfriado. O sentido é a proporção; os excessos nos objetos sensíveis ou machucam ou destroem.

Cada sentido, portanto, tem por objeto um sensível determinado, encontrando-se no sensor enquanto sensor, e distingue as diferenças do seu objeto sensível: a visão, por exemplo, distingue o branco e o preto; o paladar, o doce e o amargo. E do mesmo modo dá-se com os demais sentidos. Mas, uma vez que distinguimos também o branco e o doce e cada um dos sensíveis com relação ao outro, é também com alguma faculdade que percebemos que diferem. É necessário, pois, que o façamos por meio de um sentido, afinal trata-se de sensíveis. A partir disso também fica claro que a carne não é o sensor último; pois assim seria necessário que o que distingue distinguisse tocando o sensível. Tampouco por meio de sentidos separados pode-se julgar que o doce é algo diferente do branco, mas é preciso que ambos sejam manifestos a um único sentido. Pois assim, mesmo se eu percebesse um e tu percebesses outro, ficaria claro serem diferentes um em relação ao outro. É preciso, assim, que uma faculdade diga que são diferentes; pois o doce é diferente do branco. Portanto, o mesmo princípio enuncia a diferença. De modo que, como a enuncia, do mesmo modo também a compreende e sente.

Portanto, o fato de não ser possível distinguir sensíveis separados por meio de sentidos separados está claro; agora, que tampouco é possível fazê-lo em momentos separados, ficará claro pelo que se segue. Pois assim como o mesmo princípio diz que uma coisa é o bem e outra o mal, do mesmo modo também quando diz que um é diferente, diz que também o outro o é, e o "quando" neste caso não é por acidente; quero dizer, por exemplo, que afirmo agora que é diferente, sem, contudo, dizer que "agora" é diferente; mas este princípio assim diz: diz "agora", e diz "que agora" os sensíveis são diferentes; logo, diz simultaneamente. De modo que é um princípio indivisível e que distingue em tempo indivisível.

Mas é impossível que a mesma coisa, enquanto indivisível e em tempo indivisível, seja movida ao mesmo tempo em movimentos contrários. Pois se o sensível é doce, move o sentido [427a] e o intelecto deste modo, já o amargo de modo contrário, e o branco de um modo diferente. Mas então aquilo que julga será ao mesmo tempo um em número e indivisível, inseparável no tempo, mas separado na essência? Num modo, pois, aquilo que é divisível pode sentir os sensíveis separados, mas em outro é enquanto indivisível que os percebe, pois na essência é divisível, mas indivisível no lugar, no tempo e no número. Ou não pode ser assim? Pois é em potência que o mesmo sujeito simultaneamente indivisível e dividido é os contrários, mas não os é em essência. Mediante o agir é divisível, e não pode ser simultaneamente branco e preto, de modo que sequer pode sofrer sob ação das suas formas, se de fato de tal sorte são a sensação e o pensamento. Dá-se aqui conforme com o que alguns chamam de ponto, o qual, enquanto é um ou dois, é por isso mesmo indivisível. Enquanto indivisível, o princípio que distingue é um e distingue ao mesmo tempo dois sensíveis, mas enquanto divisível, não é mais um; pois usa duas vezes o mesmo ponto ao mesmo tempo. Portanto, enquanto usa o limite como dois, distingue dois objetos e dois objetos separados com uma faculdade de certo modo separada; mas enquanto usa o limite como um, distingue duas coisas ao mesmo tempo. Sobre o princípio pelo qual dizemos que o animal é capaz de sensação, bastem as explicações que demos.

3 Uma vez que é com duas propriedades distintivas que principalmente definem a alma, com o movimento no espaço e com o pensar e o compreender, parece que o pensar e o compreender sejam uma forma de sentir (pois, de fato, em ambos os casos a alma julga e conhece alguma realidade). E os antigos, por sua vez, dizem que o compreender e o sentir são a mesma coisa; de modo que Empédocles declarou:

> com o que está presente a inteligência aumenta nos homens
> e, noutra parte:
> "por isso sempre o pensar lhes apresenta ideias diferentes",
> e o mesmo quer dizer também a expressão de Homero:
> "pois é tal a mente".

Pois todos estes consideram que o pensar é corpóreo tal qual o sentir, e que o símile sente e compreende mediante o símile, conforme já explicamos nas considerações iniciais; e, no entanto, eles deveriam [427b] falar também simultaneamente acerca do erro, pois ele é mais habitual aos animais, e a alma passa a maior parte do tempo nele; donde é necessário ou que, como dizem alguns, tudo que se mostra aos sentidos seja verdadeiro, ou que o erro seja o contato de coisa dissimilar, pois isto é o contrário da noção de que o símile conhece mediante o símile; mas considera-se que, com relação aos contrários, o erro e a ciência sejam o mesmo.

Que sentir e compreender não são a mesma coisa, é óbvio. Pois do primeiro todos os animais participam, mas do segundo somente alguns. Mas sequer o pensar, que compreende o pensar retamente e o não retamente, sendo que o pensar retamente é prudência, ciência, opinião verdadeira, ao passo que o não retamente é o contrário disso: sequer o pensar é o mesmo que o sentir; pois a sensação dos sensíveis próprios é sempre verdadeira e existe em todos os animais, mas o raciocinar pode ser também falso, e não existe senão naquele em que existe também a razão.

A imaginação é algo diferente tanto da sensação quanto do pensamento; e ela não existe sem sensação, e sem esta não existe crença. Mas que ela não é pensamento e crença, é óbvio. Pois este estado depende de nós quando queremos (pois podemos criar alguma coisa diante dos olhos, como aqueles que arranjam ideias em ordem mnemônica e constroem imagens), mas ter opinião não depende de nós; pois é necessário ou estar no falso ou na verdade.E ainda quando formamos a opinião de algo terrível ou tremendo, imediatamente provamos a impressão correspondente, e igualmente se dá se formamos a opinião de algo encorajante; mas se o fazemos com a imaginação, ficamos como se estivéssemos contemplando numa pintura as coisas terríveis e encorajantes. E da crença ela mesma existem variedades: ciência, opinião, prudência e os contrários destas, mas seu caráter distintivo é objeto de outro estudo.

Quanto ao pensar, uma vez que é coisa diversa do sentir, e parece ser por um lado imaginação e por outro crença, após fazermos distinções acerca da imaginação, devemos tratar do mesmo modo da crença. [428a] Se, pois, a imaginação é aquilo pelo que dizemos que surge em nós alguma imagem (e não se utiliza o termo por metáfora), ela é uma potência ou uma disposição mediante a qual distinguimos e estamos na verdade ou no falso. Tais são a sensação, a opinião, o intelecto, a ciência.

O fato de a imaginação não ser sensação fica claro a partir disso: a sensação é, na verdade, ou potência ou ato, como a vista e a visão, ao passo que se tem uma imagem mesmo que não se tenha uma ou outra destas, como, por exemplo, dá-se com as imagens no sono. Ademais, sensação é sempre presente, mas imaginação não[19]. Mas se fossem a mesma coisa em ato, a imaginação deveria existir em todos os animais irracionais; contudo, parece que não se dá assim, como é o caso, por exemplo, da formiga, da abelha ou do verme. Além disso, enquanto as sensações são sempre verdadeiras, as imaginações são, na maioria, falsas. E ainda, quando exercemos nossa atividade sensorial com precisão sobre o objeto sensível, não dizemos "isto nos parece um homem"; mas assim dizemos principalmente quando não percebemos com precisão; então há a sensação verdadeira e a falsa. E, como dizíamos antes, as visões aparecem também quando se têm os olhos fechados.

Mas a imaginação não será nenhuma das operações que são sempre verdadeiras, como a ciência e a intelecção; pois ela é também falsa. Logo, resta ver se é a opinião; pois a opinião pode ser tanto verdadeira quanto falsa. Mas a opinião envolve também a convicção (pois não é possível que quem tenha opinião sobre uma coisa também não esteja convicto sobre ela), e, ademais, em nenhum dos animais irracionais existe a convicção, mas a imaginação existe em muitos. E ainda, toda opinião é acompanhada por

---

19. I. é, sensação é presente em todos os animais, ao passo que imaginação não.

convicção, e a convicção por persuasão, a persuasão pela razão; mas se em algumas bestas existe imaginação, razão não existe em nenhuma. Fica claro, pois, que a imaginação não poderia ser nem a opinião acompanhada de sensação, nem a opinião por meio da sensação, tampouco combinação de opinião e sensação. Pelo que foi dito, é claro que, [na teoria adversa][20], o objeto da opinião não é outro senão o objeto da sensação; digo, pois, que a imaginação é a combinação da opinião do branco e da sensação do branco; afinal não poderia ser resultado da opinião do bom e da sensação do [428b] branco; imaginar, portanto, é formar uma opinião sobre o objeto da sensação, não por acidente. Há, contudo, também aparências sensíveis falsas, sobre as quais, ao mesmo tempo, dá-se um juízo verdadeiro, como é o caso, por exemplo, do sol que parece medir um pé, mas se tem a convicção de que ele é maior do que o universo habitado; sucede, portanto, ou que abandonamos a opinião verdadeira que tínhamos, enquanto o objeto não mudou e não nos esquecemos dele nem mudamos de persuasão sobre ele, ou que, se a mantemos ainda, a mesma opinião é necessariamente verdadeira e falsa. Mas a opinião torna-se falsa quando o objeto muda sem nos darmos conta. Logo, a imaginação nem é uma destas operações nem é a combinação de ambas.

Mas, uma vez que, quando uma coisa se move pode outra coisa ser movida por ela, e uma vez que a imaginação parece ser uma espécie de movimento, e não pode ser produzida sem a sensação, mas dá-se nos seres sencientes e opera com relação ao

---

20. Deve-se entender aqui: é claro que nas teorias de Platão o objeto da opinião...

que possa ser objeto de sensação; e, além disso, uma vez que da sensação em ato pode ser produzido um movimento, sendo que este necessariamente há de ser igual à sensação: sendo assim, um movimento de tal sorte não pode surgir sem sensação nem existir em seres desprovidos de sensação, e, com ele, o ser que o possui poderá realizar e sofrer muitas ações, e estar tanto na verdade quanto na mentira. E isso se dá pelo seguinte. A sensação dos sensíveis próprios é verdadeira ou comporta erro em mínimo grau. Em segundo lugar, há a percepção do sujeito afetado por essas determinações acidentais; e aqui já pode haver engano; pois quanto a algo ser branco, não há engano, mas se o branco é isto ou aquilo, pode-se enganar. Em terceiro lugar, há a percepção dos sensíveis comuns e derivados dos sensíveis por acidente, aos quais pertencem os sensíveis próprios; e digo, por exemplo, movimento e grandeza (que são acidentes dos sensíveis próprios), acerca dos quais se pode, em maior medida, enganar-se com a percepção. Já o movimento que se produz pela ação da sensação em ato variará na medida em que provenha de uma ou de outra destas três espécies de sensação. O movimento do primeiro tipo, enquanto dura a sensação, é verdadeiro, ao passo que os outros dois, seja a sensação presente seja ela ausente, podem ser falsos, principalmente quando o objeto sensível está distante. Portanto, se nenhuma outra faculdade possui os atributos referidos senão a imaginação, [429a] e ela é o que se disse, a imaginação será um movimento produzido pela sensação em ato. E por ser a vista o sentido por excelência, a imaginação também o nome tomou da luz[21], porquanto

---

21. Relaciona-se o termo *phantasia* (imaginação) ao termo *phaos* (luz).

sem luz não se pode enxergar. E pelo fato de as imagens permanecerem e serem similares às sensações, levados por elas os animais fazem muitas coisas, uns por não possuírem intelecto, como é o caso dos animais selvagens, outros por terem o intelecto às vezes encoberto, seja por enfermidade, seja pelo sono, como é o caso dos homens.

Acerca da imaginação, o que ela é e qual sua causa, baste o que foi dito.

4 Agora, acerca da parte da alma com a qual a alma conhece e pensa, seja essa parte separada, seja ela não separada segundo grandeza, mas somente segundo noção, deve-se considerar qual é seu caráter distintivo, e como se dá o processo da intelecção. Se de fato a intelecção é como o sentir, será ou uma paixão pela ação do inteligível ou alguma outra coisa similar. Logo, esta parte da alma deve ser impassível, mas apta a receber a forma e em potência tal qual é a forma, mas não idêntica a ela; e, do mesmo modo como a faculdade sensitiva se comporta com relação aos sensíveis, assim também deve o intelecto comportar-se com relação aos inteligíveis. Logo, uma vez que pensa todas as coisas, é necessário que o intelecto seja sem mescla, conforme diz Anaxágoras, para que tenha o domínio, ou seja, para que conheça; porque, quando manifesta a sua forma próximo a uma forma alheia, lhe faz obstáculo e a interceptará; de modo que sequer a sua natureza será outra além desta: de ser em potência. Portanto, a parte da alma que denominamos intelecto (e digo intelecto aquilo pelo qual a alma pensa e formula juízos) não é em ato nenhum dos seres antes de pensá-los. Por isso não é razoável que ele seja mesclado ao corpo; pois assim ele assumiria qualidades determinadas, frio ou quente, e teria algum órgão, conforme a faculdade sensitiva tem; contudo, não tem nenhum. E de fato tinham razão os que disseram ser a

alma o lugar das formas, exceto que não é a alma inteira, mas a intelectiva, e não são as formas em enteléquia, mas as em potência. Mas que a impassibilidade da faculdade sensitiva não é igual à da faculdade intelectiva fica claro ao observarmos os sensores e o sentido. Pois o sentido não consegue [429b] sentir depois de um sensível excessivo, como, por exemplo, não percebe um som depois de sons fortes, e nem pode ver nem perceber o odor depois de cores e odores intensos; o intelecto, por outro lado, após pensar em algo muito inteligível, não pensa menos nos inteligíveis inferiores, mas sim mais. Pois a faculdade sensitiva não existe sem corpo, ao passo que o intelecto é separável; mas quando o intelecto se torna cada um dos seus objetos do modo como se diz sábio quem possui em ato o saber (e isso se dá quando o sábio pode passar ao ato por si só), ainda então está de certo modo em potência, mas não do mesmo modo como estava antes de ter aprendido ou achado; e pode então pensar-se a si mesmo.

E uma vez que uma coisa é a grandeza e outra a essência da grandeza, e uma coisa a água e outra coisa a essência da água (e o mesmo vale em muitos outros casos, mas não em todos: pois para algumas coisas é o mesmo), a alma distingue a essência da carne e a carne ou com faculdades diferentes ou com a mesma faculdade a comportar-se de diferentes maneiras; pois a carne não existe sem a matéria, mas, como a concavidade no nariz, é uma forma particular numa matéria particular. Portanto, é mediante a faculdade sensitiva que distingue o quente e o frio e as qualidades das quais a carne constitui uma certa proporção; mas com outra faculdade, que ou é separada da sensitiva ou tem com ela a relação que a linha curva tem consigo mesma quando for estendida, distingue a essência formal da carne. Por outro lado, no caso dos entes abstratos, a linha reta é como a concavidade do nariz; pois pressupõe o contínuo; a essência formal, porém, se a essência da reta difere daquilo que é reto, é outra coisa; suponhamos que seja a díade. Com outra faculdade, por conseguinte, ou com a mesma faculdade a comportar-se de maneira diferente, a alma distingue. E em geral, conforme os objetos são separáveis da matéria, assim também se dá para o que concerne o intelecto.

Alguém poderia perguntar-se: se o intelecto é simples e impassível e nada tem em comum com nada, como diz Anaxágoras, como pensará, se o pensar é sofrer uma certa paixão? Pois na medida em que duas coisas possuem algo em comum, uma parece agir e a outra sofrer. E ainda poderia perguntar-se se o intelecto é ele próprio também inteligível. Pois o intelecto ou se encontrará nos outros objetos – se ele não é inteligível mediante outro inteligível, e se o inteligível é uno na espécie – ou então conterá mesclado a si algo que o fará inteligível tal qual os demais inteligíveis.

Anteriormente, porém, traçamos a distinção de que a paixão se dá segundo um elemento comum; e que o intelecto é em potência, de algum modo, os objetos inteligíveis, mas em enteléquia não é nenhum antes de pensá-los. Deve dar-se com ele [430a] conforme se dá com uma tábula, na qual não há nada escrito em enteléquia; é o que se dá no caso do intelecto. Ademais, também ele é inteligível como o são os objetos inteligíveis. Pois, no caso das realidades sem matéria, o pensante e o pensado são o mesmo; pois a ciência teórica e o objeto que por tal modo faz-se conhecer são a mesma coisa. Já com relação ao fato de o intelecto não estar sempre a pensar, deve-se analisar a causa. Nas realidades que possuem matéria, por outro lado, cada um dos inteligíveis existe somente em potência. De modo que não terão intelecto (pois é sem a matéria que o intelecto é potência das coisas de tal sorte), ao passo que o intelecto possuirá a inteligibilidade.

5 Uma vez que, como se dá em toda a natureza, existe algo que é matéria para cada gênero de coisas (e é isto que é todas aquelas coisas em potência), e outro princípio que é a causa e o agente (pois que produz todas as coisas, do modo como a arte se comporta com relação à matéria), é necessário que também dentro da alma existam tais diferenças. E há assim o intelecto que é análogo à matéria, porquanto se torna todos os objetos inteligíveis, e um outro, que produz todos, semelhante a algum estado, como a luz; pois, de certo modo, também a luz torna as cores em potência cores em ato. E este intelecto é separável, não mesclado e impassível, sendo, em sua essência, ato. Pois o agente é sempre mais excelente do que o paciente e o princípio do que a matéria. E a ciência em ato é a mesma coisa que o seu objeto; a ciência em potência, por sua vez, é anterior no tempo em um indivíduo, mas, falando em termos absolutos, não é anterior sequer no tempo; ao contrário, não podemos dizer que ora este intelecto pensa, ora não pensa. Uma vez separado, ele é somente aquilo que realmente é, e só este é imortal e eterno. E não nos recordamos porque ele é impassível, ao passo que o intelecto passível é corruptível, e sem ele não há pensamento.

6 A intelecção dos indivisíveis diz respeito às coisas acerca das quais não existe o falso. Por outro lado, naquelas coisas em que se encontram o falso e o verdadeiro existe já uma composição de conceitos, como a formar uma unidade, tal qual disse Empédocles:

> onde brotaram as cabeças sem pescoço de muitos,

e em seguida uniram-se com a Amizade; assim também as noções separadas são compostas, por exemplo a noção do incomensurável e da diagonal. Se se trata de coisas já ocorridas [430b] ou que estão por ocorrer, pensamos adicionalmente na noção de tempo, e assim fazemos a composição. Pois o falso está sempre numa composição; afinal, se se disser que o branco é não branco, o não branco foi introduzido por composição. E todas estas operações podem-se chamar também de divisão. Entretanto, não é somente à afirmação de que Cléon é branco que o falso ou o verdadeiro dizem respeito, mas também à de que ele o foi ou o será. E aquilo que confere a unidade a cada uma dessas composições é o intelecto.

Mas, uma vez que o indivisível pode ser entendido em dois sentidos – em potência ou em ato –, nada impede que se pense o indivisível quando se pensa o comprimento (pois ele é indivisível em ato), e que se o faça em tempo indivisível; pois o tempo é divisível e indivisível da mesma maneira como o comprimento; e por isso não se pode dizer que metade de comprimento o intelecto pensa em cada metade de tempo; pois cada metade não existe senão em potência, se não for dividido; mas pensando separadamente cada uma das metades, divide também o tempo simultaneamente; e agora é como se pensasse mais comprimentos[22]. Agora, se pensa o comprimento como formado por duas metades, o pensará num tempo que abrange ambas as partes.

Aquilo que é indivisível não pela quantidade mas pela forma, o intelecto o pensa em tempo indivisível e com um ato indivisível da alma. É só por acidente, e não à maneira dos contínuos, que são

---

22. Adotei aqui a variante μήκη ao invés de μήκει.

divisíveis o ato que os pensa e o tempo em que os pensa, mas à maneira dos indivisíveis; pois há também nos indivisíveis em ato algo de indivisível – mas decerto não é separável – que produz a unidade do tempo e do comprimento. E este elemento se encontra do mesmo modo em todo contínuo, seja tempo, seja comprimento.

O ponto e toda divisão, e o que é deste modo indivisível, manifesta-se como a privação; a mesma explicação vale para os outros casos, como, por exemplo, como se conhece o mal ou o preto? Pois é de certo modo pelos seus contrários que se os conhece. Mas aquele que os conhece deve ser em potência estes contrários e um dos contrários deve estar nele. Mas se alguma das causas não possui contrário, ela é para si mesma seu próprio objeto de conhecimento, existe em ato e separada.

A enunciação é dizer algo de algo, conforme a afirmação, e toda enunciação é verdadeira ou falsa. Já a intelecção não o é sempre, mas quando seu objeto é o "quê", no sentido da essência formal, e não predica algo de algo, é verdadeira; mas como a visão de um sensível próprio é sempre verdadeira (ao passo que não é sempre verdade que o objeto branco seja um homem ou não), assim também se dá com tudo quanto existe sem matéria.

7 [431a] A ciência em ato é o mesmo que o seu objeto. Já a ciência em potência é, no indivíduo, anterior no tempo, mas, em sentido absoluto, não é anterior sequer no tempo. Pois do ser em enteléquia procede tudo o que devém. É evidente que o objeto sensível faz passar a faculdade sensitiva do estado de potência, em que se encontra, ao ato; pois a faculdade nem sofre uma paixão nem é alterada. Donde isto é uma outra espécie de movimento; pois o movimento foi definido como o ato daquilo

que não atingiu seu fim, ao passo que o ato em senso absoluto é diferente: é o ato do que atingiu plenamente seu fim.

Assim, o sentir é análogo ao simples dizer e pensar; mas, quando o sensível é prazeroso ou doloroso, a faculdade sensitiva, como que a fazer uma afirmação ou uma negação, o persegue ou evita; e o aprazer-se ou o afligir-se são o agir com a faculdade sensitiva tomada como meio-termo a respeito do bem e do mal como tais. E a fuga e o desejo são a mesma coisa em ato, e não diferem a faculdade de desejar e a faculdade de fugir, nem entre si nem da faculdade sensitiva; diferem, contudo, na sua essência.

A alma discursiva tem as imagens como se fossem sensações[23]. Quando o objeto é o bem ou o mal, ela afirma ou nega, foge ou persegue. Donde jamais a alma pensa sem imagens. É assim que o ar provoca algum efeito na pupila, e ela, por sua vez, o faz em outra coisa, e a audição do mesmo modo; mas o último termo é uno, e é um meio-termo único, conquanto a essência dele seja múltipla. Com o que ela julga em que diferem o doce e o quente, já foi exposto anteriormente, mas deve-se dizê-lo novamente agora: é um princípio uno, do mesmo modo como o limite. E o senso comum, que é um por analogia e por número, contém em si estas qualidades sensíveis na mesma relação mútua que elas têm entre si na realidade; e, de fato, em que difere perguntar-se como se distinguem sensíveis de gênero diferente ou os contrários, tal qual branco e preto? Suponhamos que como A, branco, está para B, preto, assim também

---

23. I. é, na alma discursiva (*dianoetike psukhe*), as imagens desempenham o papel que as sensações desempenham na alma sensitiva.

esteja C para D [relação mútua destas qualidades na realidade]; de modo que também se possa comutar a ordem[24]. Se, pois, CD são atributos de um único sujeito, a relação entre eles será como a relação entre A e B, serão uma e a mesma coisa, porém não serão iguais na essência, e do mesmo modo aqueles. O raciocínio seria o mesmo se A fosse o doce e B o branco.

As formas, portanto, a faculdade intelectiva as pensa nas imagens, e, como nos sensíveis, determina-se por esta o objeto que se deve evitar ou perseguir, e assim, mesmo fora da sensação, quando se ocupa com as imagens, a faculdade intelectiva move-se; é o caso, por exemplo, de quem percebe que a tocha sinalizadora é fogo, pelo senso comum compreende, ao vê-la a mover-se, que o inimigo se aproxima. E às vezes, por meio das imagens ou dos conceitos que estão na alma, tal qual estivesse a ver, calcula e delibera sobre as coisas futuras em função das presentes. E quando diz que lá se encontra o prazeroso ou o doloroso, então evita ou persegue, e de um ou de outro modo o faz com ação. E o que é sem ação, o verdadeiro e o falso, pertence ao mesmo gênero do bem e do mal; mas a diferença é que os primeiros são absolutos, os outros relativos a um ser determinado.

As chamadas abstrações, por sua vez, o intelecto as pensa do mesmo modo como o faz com relação à curva do nariz: enquanto nariz curvo, ela não pode ser pensada separadamente, mas enquanto concavidade, se alguém a pensar em ato, poder-se-ia pensá-la sem a carne em que está a concavidade; assim os objetos matemáticos, mesmo não separados da matéria, o intelecto os pensa como separados quando

---

24. I. é, A para C como B para D.

pensa as abstrações. De maneira geral, o intelecto (o intelecto em ato) é os objetos ao pensá-los. Agora, se é possível que o intelecto pense alguma das coisas separadas da matéria sem que ele próprio esteja separado da extensão, ou se não é possível, deve-se examinar a questão mais tarde[25].

8 Agora, recapitulando o que foi dito acerca da alma, digamos novamente que a alma é de certo modo todos os seres; pois os seres ou são sensíveis ou são inteligíveis, ao passo que a ciência, por um lado, é de certo modo os objetos do saber, e a sensação, por outro lado, é, de certo modo, os objetos sensíveis; agora, como isso se dá, deve-se investigar.

A ciência, pois, e a sensação dividem-se como os seus objetos: a ciência e a sensação em potência correspondem aos objetos em potência, ao passo que ciência e sensação em enteléquia aos objetos em enteléquia. A faculdade sensitiva e a intelectual da alma são em potência os seus objetos: desta, o conhecível; daquela, o sensível. Mas é necessário que sejam ou as próprias coisas, ou as suas formas. As próprias coisas elas não são; afinal, a pedra não se encontra dentro da alma, mas sim a sua [432a] forma; de modo que a alma é tal qual a mão: pois a mão é instrumento de instrumentos, e o intelecto é forma de formas e o sentido é forma dos sensíveis. Uma vez que nenhum objeto existe separado das grandezas sensíveis, como parece, é nas formas sensíveis que estão os inteligíveis, tanto as chamadas abstrações quanto as qualidades e as afeições dos sensíveis. E é por isso que alguém que não sentisse nada não poderia aprender nem compreender nada; e quando alguém pensa, é

---

25. A referência é incerta, o assunto não parece ser retomado.

necessário que pense ao mesmo tempo alguma imagem; pois as imagens são como sensações, exceto pelo fato de que são sem matéria. Já a imaginação é algo diverso da afirmação e da negação; pois o verdadeiro ou o falso são composição de conceitos. Mas e os conceitos primeiros, em que diferirão eles das imagens? Será que nem estes são imagens, conquanto nem estes se deem sem imagens?

9 Uma vez que a alma – a dos animais – foi definida por duas potências (a de distinguir, que é função do intelecto e do sentido, e a de produzir o movimento no espaço), bastem, acerca da sensação e do intelecto, as distinções que foram feitas; mas acerca do princípio motor, por sua vez, e o que da alma ele vem a ser, deve-se examinar: se é uma parte dela, separada ou por grandeza ou por noção, ou se é a alma toda; e, caso seja uma parte, se é uma parte distinta daquelas que costumeiramente se enumeram e já foram mencionadas, ou então se é alguma delas.

Mas de imediato se coloca um problema: como se deve falar de partes da alma, e quantas são elas? Pois, de certo modo, elas parecem ser infinitas, e não só aquelas que alguns delimitam ao enumerá-las, racional, impulsiva, apetitiva, ou, segundo outros, a parte que possui razão e a parte irracional; pois, de acordo com as diferenças pelas quais separam essas partes, surgirão também outras que terão entre si diferenças ainda maiores do que as primeiras, acerca das quais nós já tratamos: a nutritiva, que é própria tanto das plantas quanto de todos os animais, e a sensitiva, que não se poderia definir facilmente nem como irracional nem como possuidora de razão. Há ainda a imaginativa, [482b] a qual, na essência, é diferente de todas, mas com relação a quais delas é igual ou diferente, trata-se de uma grande dificuldade, se se considerar que são separadas as partes da alma. Além destas, a desiderativa, que tanto pela noção quanto pela sua potência poderia parecer diferente de todas as demais. Contudo, é absurdo destacá-la: pois a vontade ocorre na parte racional, e na parte irracional ocorrem o apetite e o impulso; e se a alma for composta de três partes, em cada uma delas haverá o desejo.

Mas voltemos ao assunto de que versa o presente discurso: o que é que move no espaço o animal? Pois o movimento de crescimento e fenecimento, que é próprio de todos os seres vivos, pareceria ser produzido pela faculdade que existe em todos: a generativa e nutritiva; já com relação à inspiração e à expiração e ao sono e à vigília, deve-se examinar a questão mais tarde, pois também sobre estes se coloca grande dificuldade. Mas quanto ao movimento no espaço e o que é que move o animal em seu deslocamento gressório, é isto que há de se examinar.

Ora, que não se trata da potência nutritiva, está claro; afinal, este movimento dá-se sempre em vista de um fim e é acompanhado ou de imaginação ou de desejo; pois nenhum ser que não deseje algo ou não esteja fugindo de algo move-se, senão à força. Ademais, [se o movimento gressório fosse causado pela função nutritiva], também as plantas seriam ambulantes, e teriam algum órgão destinado a tal movimento.

E, do mesmo modo, tampouco se trata da potência sensitiva: pois são muitos dentre os animais os que possuem sensação, mas que são fixos e, do início ao fim da vida, são imóveis. Se, pois, a natureza nada faz em vão nem deixa de fazer algo das coisas necessárias – salvo nos casos dos seres mutilados e incompletos; mas os animais a que nos referimos são completos e não mutilados, e a prova disso é que se reproduzem e atingem a plenitude e fenecem – estes animais teriam também os órgãos para a locomoção.

Mas tampouco a faculdade racional e o chamado intelecto são o motor; pois o intelecto teórico não pensa nada da ordem prática, sequer pronuncia-se acerca do que se deve evitar ou perseguir, ao passo que o movimento é sempre próprio de um ser que está a evitar ou a perseguir algo. Mas, nem quando o intelecto contempla algo do tipo, ordena que se o evite o que se o persiga; como é o caso, por exemplo, de quando pensa algo temível ou deleitável, mas não ordena que se o tema, ao passo que o coração [433a] é movido, e, se deleitável o objeto, alguma outra parte é movida. E mesmo com o intelecto a ordenar e com o pensamento a dizer que se evite ou que se persiga, o animal não se move, mas antes age em conformidade com o apetite, como, por exemplo, fazem os intemperantes. E, de maneira geral, observamos que quem domina a arte médica não está sempre a praticar a cura, pois alguma outra coisa é responsável por fazer agir de acordo com a ciência, e não a própria ciência. Contudo, sequer o desejo é o motivo determinante deste movimento; afinal, os temperantes, mesmo desejando e apetecendo, não fazem aquilo de que sentem desejo, mas seguem o intelecto.

10   Parece, de fato, que são dois os princípios do movimento, ou o desejo ou o intelecto, se se considerar a imaginação como um tipo de intelecção. Pois muitos seguem as imaginações, a despeito da ciência, e nos outros animais não há nem intelecção nem raciocínio, mas só imaginação. Logo, ambas estas faculdades são princípios do movimento no espaço: intelecto e desejo. Refiro-me ao intelecto que raciocina em vista de um escopo, o intelecto prático; ele difere do intelecto teórico pelo fim. E também todo desejo, por sua vez, tem em vista um escopo; pois aquilo de que se tem desejo é propriamente o princípio do intelecto prático; e o termo final do raciocínio é o princípio da ação. De

modo que, razoavelmente, estes dois parecem ser os motores: desejo e pensamento prático; pois o desejável move, e por isso o pensamento move, porque princípio deste é o desejável. E a imaginação, por sua vez, quando move, não move sem desejo.

É um, de fato, o primeiro motor: o desejável. Pois se dois princípios, o intelecto e o desejo, movessem, seria por uma forma comum que moveriam. Contudo, na realidade, o intelecto não parece ser motor desvinculado do desejo; pois a volição é desejo; e quando o sujeito se move de acordo com o raciocínio, também se move de acordo com a volição. O desejo, por outro lado, move a despeito do raciocínio; pois o apetite é uma espécie de desejo. Todo intelecto é reto; já o desejo e a imaginação podem ser retos e não retos. Donde sempre o desejável é aquilo que move, mas este é ou o bem ou o bem aparente. Não, porém, todo bem, mas o bem prático. E prático é o bem que pode também estar diverso do que ele é.

Portanto, que é tal potência da alma – a que se chama desejo – o que produz movimento, está evidente. Já aqueles que dividem as partes da alma, se dividem e separam de acordo com as suas potências, deparam-se com muitíssimas partes: nutritiva, sensitiva, intelectual, deliberativa, e ainda desiderativa; pois estas diferem entre si mais do que a parte apetitiva da impulsiva. E uma vez que os desejos surgem também contrários uns aos outros, e isso se dá quando a razão e os apetites são contrários, e ocorre nos que têm senso do tempo (pois o intelecto ordena resistir em vista do futuro, ao passo que o apetite em vista do agora; pois o que é agora deleitável parece ser em termos absolutos deleitável e bom em termos absolutos, pelo fato de não se ver o futuro), sendo assim, portanto, o motor será especificamente uno: a faculdade desiderativa, enquanto desiderativa, e o primeiro de todos os princípios motores será o objeto desejável (pois este move sem ser movido pelo fato de ser pensado ou imaginado); mas, em número, os motores são múltiplos.

O movimento supõe três coisas: a primeira, o motor; a segunda, aquilo com que se move; e a terceira, o que é movido. O motor, por sua vez, é duplo: um imóvel, um "motor e movido". E motor imóvel é o bem prático, ao passo que "motor e movido" é a faculdade desiderativa (pois é movido o sujeito desejoso na medida em que deseja, e o desejo é um tipo de movimento ou um ato), e o movido é o animal; já o instrumento pelo qual o desejo move é, enfim, algo corpóreo; de modo que se devem estudar esses aspectos nas funções comuns ao corpo e à alma. Por ora, para dizer em síntese, aquilo que produz o movimento por meio de órgãos encontra-se onde princípio e fim [do movimento] coincidem, como, por exemplo, a articulação: pois aqui o convexo e o côncavo formam um o fim, o outro o princípio; de modo que um permanece em repouso, e o outro se move, sendo eles diferentes pela noção, mas inseparáveis pela grandeza; pois todos os animais são movidos por propulsão e por tração. Donde é preciso, como num círculo, que algo esteja parado, e que daí tenha início o movimento.

Em geral, portanto, conforme ficou dito, o animal, na medida em que é dotado de desejo, é apto a pôr a si mesmo em movimento; e a faculdade desiderativa não existe sem imaginação. E toda imaginação, por sua vez, é ou racional ou sensitiva. Da segunda, pois, participam também os demais animais.

11 Deve-se então examinar o que é o motor também no caso dos animais imperfeitos, [434a] animais estes que são dotados somente do sentido do tato; e se acaso é possível que eles possuam imaginação e apetite, ou não é possível. Pois é visível

que neles existem dor e prazer. E se há essas sensações, é necessário que haja também apetite. Mas e a imaginação, como ela ocorreria neles? Ou, do mesmo modo como se movem de forma indeterminada, assim também possuem essas funções, mas de modo indeterminado as possuem?

A imaginação sensitiva, portanto, como já foi dito, é própria também dos animais irracionais, ao passo que a imaginação deliberativa é própria dos racionais. Pois decidir se se deve fazer isto ou aquilo se trata já de uma função do raciocínio; e é necessário que se calcule sempre com uma única unidade de medida, posto que se persegue o bem maior. De modo que estes animais podem produzir, com a imaginação, uma imagem a partir de várias. E o motivo pelo qual os animais inferiores não parecem possuir opinião é que eles não têm este tipo de imaginação que provém do silogismo, ao passo que esta última contém a primeira. Donde a faculdade desiderativa (irracional) não contém a deliberativa; e por vezes aquela vence e move a vontade (racional); às vezes, no entanto, é a vontade racional que vence o desejo, como uma esfera [a outra esfera], ou um desejo irracional vence outro desejo irracional, no caso da intemperança; mas, por natureza, é sempre a superior e mais soberana aquela que também provoca o movimento; de modo que o homem pode ser movido com três movimentos.

Já a faculdade intelectual não move algo, mas permanece. E, uma vez que uma coisa é o juízo e o enunciado de caráter universal, e outra coisa o de algo particular (pois o primeiro diz que se deve realizar tal ação, ao passo que o segundo diz que se deve realizar esta ação concreta de agora, e que eu sou um indivíduo de tal tipo), já é esta segunda opinião o que produz o movimento, e não a universal; ou então ambas, mas a primeira mormente permanecendo em repouso, a segunda não.

12 Portanto, é necessário que todo e qualquer ser vivo tenha a alma nutritiva, e ele a tem desde a geração até o perecimento. Pois é necessário que aquele que nasce tenha crescimento e auge e fenecimento, e esses estados são impossíveis sem a nutrição; logo, é necessário que exista a potência nutritiva em todos os seres que crescem e perecem. A sensação, por outro lado, não é algo necessário em todos os seres vivos; pois sequer é possível que aqueles cujo corpo é simples tenham tato (e sem este não pode existir nenhum animal), tampouco o podem ter aqueles que não são aptos a receber as formas sem a matéria. Quanto ao animal, por sua vez, é necessário que ele possua sensação, se a natureza nada produz em vão. Pois todas as coisas que existem por natureza existem por um fim, ou serão atributos daquelas que existem por um fim. Portanto, se todo corpo capaz de movimento gressório não tivesse sensação, pereceria e [434b] e não chegaria a seu fim, o qual é a obra da natureza; afinal, como se nutrirá? Os seres fixos têm, sim, seu alimento lá onde vieram a ser. Mas não é possível que um corpo tenha alma e intelecto capaz de distinguir, e que ao mesmo tempo não tenha sensação, não sendo ele um ser fixo, e sendo produto de geração [mas, de fato, sequer se não fosse produto de geração]. E por que terá? Ora, ou para vantagem da alma, ou do corpo. Mas não se dá nem uma nem outra dessas possibilidades; pois a alma não pensará mais, e o corpo não terá uma existência melhor por isso; logo, nenhum corpo dotado de movimento possui alma sem que tenha sensação.

Contudo, se efetivamente possui sensação, é necessário que o corpo seja ou simples ou composto.

Mas simples ele não pode ser: pois, assim, não terá tato, e é necessário que o possua. E isto fica evidente pelo seguinte: uma vez que o animal é um corpo animado, e todo corpo é tangível, ao passo que tangível é o sensível pelo tato, é necessário que também o corpo do animal seja apto a sentir pelo tato, se o animal há de conservar-se. Pois os outros sentidos percebem por intermédio de outras coisas, como, por exemplo, o olfato, a visão e a audição; e o animal, ao ser tocado, se não tiver o sentido do tato, não poderá fugir de algumas coisas nem apanhar outras. E se assim for, será impossível que o animal se conserve. Donde o paladar é como um tipo de tato. Afinal, é tato do alimento, e o alimento, por sua vez, é o corpo tangível. O som, a cor e o odor não nutrem, sequer produzem crescimento tampouco fenecimento. De modo que é necessário que o paladar seja um tipo de tato, pelo fato de ser senso do tangível e do nutritivo; estes dois sentidos, portanto, são necessários para o animal, e fica evidente que não é possível existir um animal desprovido de tato.

Os outros sentidos, porém, existem em vista do bem-estar e necessariamente são próprios não de qualquer gênero de animais, mas de alguns, como, por exemplo, do gênero dos animais dotados de movimento gressório; pois estes, se hão de conservar-se, devem não apenas sentir pelo tato, mas também a distância. E isso ocorrerá se os animais puderem sentir os objetos através do intermédio, com este sendo afetado e movido por ação do sensível, e aqueles o sendo por ação do intermédio. Dá-se como no movimento local, em que o motor produz uma alteração até um certo ponto, e aquilo que impulsiona torna outro apto a impulsionar, e o movimento assim se faz através de um intermédio, sendo que o primeiro motor impulsiona e não é impulsionado, o último apenas é impulsionado, sem impulsionar, ao passo que o medial tanto é impulsionado quanto impulsiona; [435a] e os intermediários são muitos; assim se dá no caso da alteração, exceto pelo fato de que o objeto se altera permanecendo no mesmo local, como, por exemplo, se alguém mergulhar um selo na cera, a cera é movida até o ponto em que o selo é mergulhado; uma pedra, por sua vez, não é movida absolutamente, mas a água o será a grande distância; e o ar, enfim, é movido em máximo grau e age e sofre, se permanecer imóvel e numa massa una. E assim, também acerca da reflexão da luz, melhor do que supor que a visão sai do olho e é refletida é admitirmos que o ar sofre uma paixão por ação da figura e da cor, enquanto permanece numa massa una. E por cima de uma superfície lisa ele é uno; de modo que este ar move a vista, como seria se o selo na cera fosse mergulhado até o fundo, atravessando-a até o extremo oposto.

13 O fato de o corpo do animal não poder ser simples – isto é, de fogo ou de ar, por exemplo – é evidente. Pois, desprovido de tato, não é possível que tenha nenhum outro sentido; pois todo corpo animado é provido de tato, como já foi dito. E os outros elementos, exceto a terra, poderiam, sim, constituir os sensores, mas todos eles produzem a sensação em função de sentirem através de algo diferente e dos intermédios; já o tato consiste em tocar os objetos mesmos, donde tem esta sua designação[26]. E efetivamente também os outros sensores sentem pelo tato, mas através de um outro meio; o tato, por sua vez, é o único que parece sentir por meio de si mesmo. De modo que nenhum dos elementos deste tipo poderia constituir o corpo do animal.

---

26. Em grego: *haphé* (tato, "toque") e *haptesthai* (tocar).

Mas tampouco poderia ele ser constituído de terra. Pois o tato é como o meio-termo entre todas as qualidades tangíveis, e o seu sensor pode receber não apenas as diferentes propriedades da terra, mas o quente e o frio e todas as outras qualidades tangíveis. E é por isso que não sentimos através dos ossos nem dos fios de cabelo nem de partes similares, porquanto [435b] são compostas de terra. E as plantas, por isso, não possuem nenhuma sensação, porquanto são compostas de terra; e sem o tato não pode haver nenhuma outra sensação, e o seu sensor não é composto só de terra, e tampouco o é exclusivamente de nenhum outro dos elementos.

É evidente, por conseguinte, que privados deste único sentido, necessariamente os animais morrem; pois nem é possível que outro ser que não seja animal tenha tal sentido, tampouco que, sendo animal, haja a necessidade de que tenha outro sentido que não este. E por isso os outros sensíveis, como, por exemplo, a cor e o som e o odor, quando em excesso, não destroem o animal, mas somente os sensores, salvo quando destroem o animal por acidente, como quando concomitantemente ao som dá-se um solavanco e um golpe, ou quando pelos objetos visíveis e pela cor sejam movidas outras coisas, as quais, por meio do tato, o destroem. E também o sabor, na medida em que algo tangível o acompanha, com isto precisamente pode provocar destruição. O excesso dos tangíveis, porém, como é o caso dos quentes e dos frios e dos duros, aniquila o animal; pois o excesso de todo sensível aniquila o sensor, de modo que o excesso do tangível aniquila o tato, e é por este que foi definido o viver; pois, sem o tato, ficou demonstrado que é impossível existir animal. Donde o excesso dos tangíveis não corrompe somente o sensor, mas também o animal, já que é este o único sentido que necessariamente devem os animais possuir.

Os outros sentidos, por sua vez, o animal os possui, como já dito, não em vista de existir, mas de viver bem, como, por exemplo, a visão – caso viva no ar ou na água (ou em geral no diáfano) – para que enxergue; o paladar, para sentir o deleitável e o repugnante no alimento e para que apeteça e se mova; a audição, para que algo lhe seja exprimido; e, enfim, a língua, para que exprima algo a outro.

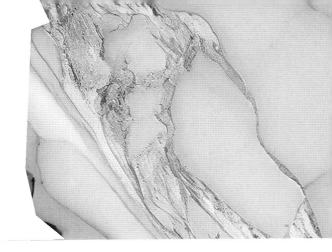

Veja outros livros
do selo *Vozes de Bolso*
pelo site

livrariavozes.com.br/colecoes/vozes-de-bolso

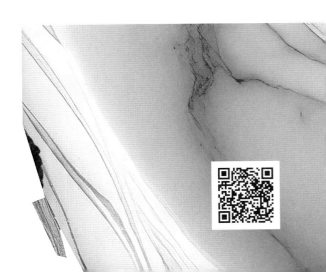

O que é poder?

Byung-Chul Han

Ainda existe em relação ao conceito de poder um caos teórico. Opõe-se à evidência do seu fenômeno uma obscuridade completa de seu conceito. Para alguns, significa opressão. Para outros, um elemento construtivo da comunicação. As representações jurídicas, políticas e sociológicas do poder se contrapõem umas às outras de maneira irreconciliável. O poder é ora associado à liberdade, ora à coerção. Para uns, baseia-se na ação conjunta. Para outros, tem relação com a luta. Os primeiros marcam uma diferença forte entre poder e violência. Para outros, a violência não é outra coisa senão uma forma intensiva de poder. Ele ora é associado com o direito, ora com o arbítrio.

Tendo em vista essa confusão teórica, é preciso encontrar um conceito móvel que possa unificar as representações divergentes. A ser formulada fica também uma forma fundamental de poder que, pelo deslocamento de elementos estruturais internos, gere diferentes formas de aparência. Este livro se orienta por essa diretriz teórica. Desse modo, poderá ser chamado poder qualquer poder que se baseie no fato de não sabermos muito bem do que se trata.

Byung-Chul Han nasceu na Coreia, mas fixou-se na Alemanha, onde estudou Filosofia na Universidade de Friburgo e Literatura Alemã e Teologia na Universidade de Munique. Em 1994, doutorou-se em Friburgo com uma tese sobre Martin Heidegger. É professor de Filosofia e Estudos Culturais na Universidade de Berlim e autor de inúmeros livros sobre a sociedade atual, dentre os quais *Sociedade do cansaço*, *Sociedade da transparência*, *Topologia da violência*, *Agonia do Eros* e *No enxame*, publicados pela Editora Vozes.

Conecte-se conosco:

f facebook.com/editoravozes

◯ @editoravozes

𝕏 @editora_vozes

▶ youtube.com/editoravozes

◯ +55 24 2233-9033

www.vozes.com.br

Conheça nossas lojas:

www.livrariavozes.com.br

Belo Horizonte – Brasília – Campinas – Cuiabá – Curitiba
Fortaleza – Juiz de Fora – Petrópolis – Recife – São Paulo

EDITORA VOZES LTDA.
Rua Frei Luís, 100 – Centro – Cep 25689-900 – Petrópolis, RJ
Tel.: (24) 2233-9000 – E-mail: vendas@vozes.com.br